U0033531

Investment

Investment

Investment

Investment

THE LITTLE BOOK OF TRADING

順勢致富

14位頂尖交易奇才
跑贏大盤、賺取超額報酬
的投資法則

Michael Covel

麥可・卡威爾——著

曾婉琳——譯

TREND FOLLOWING
STRATEGY FOR
BIG WINNINGS

Contents

作者免責聲明

本書作者麥可・卡威爾（Michael W. Covel），目前在一間私有投資研究公司：順勢交易公司（Trend Following™）擔任總裁職位。

作者其他有關順勢交易的著作，包括：《趨勢誠律》《海龜交易特訓班》以及《趨勢交易正典》。更多有關順勢交易系統的資訊，歡迎拜訪網站 www.trendfollowing.com。

本書取材來自各種來源的數據。在撰寫本書時，儘管作者相信這些都是可靠、正確且適當的資料，但仍無法給予任何形式的保證。書中提到的績效紀錄都存放在美國政府，並可透過《資訊自由法》（Freedom of Information Act）取得。雖然作者為了解釋順勢交易策略而提到一些公司名稱及人名，但並不代表是在向本書讀者推薦這些公司及人物。此外，本書所討論的策略，也許不適合一些投資人，因此在擬採取任何投資或交易策略之前，請務必諮詢金融專業人士，並謹慎評估任何相關揭露資料。本書寫作之目的為提供資訊交流，不應視為買賣建議，也不應視為慫恿讀者去買賣任何證券或投資工具的說帖，或迫使讀者採取特定交易策略之作品。

國內外好評迴響

如果投資只能用一種心法，我會說：順勢交易。作者麥可‧卡威爾憑藉深厚功力，歸納出各路贏家的獲利祕訣。書裡不教複雜的技術線型與籌碼分析，卻能讓你不論在什麼市場、交易什麼商品，甚至不論多空環境都能應用。本書絕對是投資人必備的精神糧食。

——股市阿水，布林通道財經部落客

本書詳細介紹順勢交易的致勝祕訣，順應市場趨勢，隨時控制風險，就能讓獲利奔跑！

——施雅棠，「美股夢想家」創辦人

在金融交易世界裡，「順勢交易」的概念，可以說是大道至簡。雖然看似簡單，但基於人性使然，往往是知道的人多，做到的人少。本書透過許多真實案例，詳述了當你作為一名順勢交易者時，可能會遇到的種種問題與困境，絕對是讀者踏上順勢交易之路時的一盞指路明燈。

——葛瀚中（Mgk），「Mgk 的投機世界—炒股、博弈、生活」版主

身在股海之中，眾多投資者都在尋求市場漲跌規則的聖杯，但市場並非單純呆板的公式能夠概括，因此投資者只要掌握順勢交易的準則，無論判斷正確或失準，或身處任何進場時間點，損益都能獲得合理控制及計算。本書詳述順勢交易經典案例，對培養正確投資思維有極大裨益。

——鄭雅瑄，**K 線女王**

卡威爾將當代多位偉大交易大師的智慧結晶全都收錄在這本書裡。閱讀本書，你將領悟到成功的關鍵。如果你忽略這些真理，總有一天會發現自己的帳戶分文不剩。

——凡恩・沙普，國際知名投資顧問、教練，著有《交易・創造自己的聖盃》《交易本事》等書

這本書，是一本絕對不可錯過的投資指南書，可幫助各位安穩通過這片充滿鯊魚的投資水域，並抵達成功之港。

——庫倫・羅奇，奧盛投資公司創辦人暨執行長，《資本主義投資說明書》作者

我相信要成為一名成功的投資人（或交易者），必須做到以下三件事：一是必須有紀律；二是必須謹慎控管風險，並能夠管理各種投資組合；三是必須建立買賣策略。在《順勢致富》中，卡威爾清楚告訴我們為什麼在大部分市

場中,趨勢跟蹤在任何時代都會是成功策略。

　　——湯姆·巴索,知名順勢交易者,《輕鬆致富》作者

本書揭露順勢操盤內行人的祕密,讓你也能自由地在所有市場做交易——無論是匯市、黃銅、貨幣還是股票,只要有市場,你都能辦到!卡威爾鼓勵你舉起那台正在播放財經頻道的電視,現在就把它扔出窗外吧。你只需要統計圖,並不需要那些噪音。

　　——安迪森·維金,知名暢銷財經作家,著有《美元的墜落》等書

如果你正在想著如何達到超額報酬,那麼買進並持有不是你該做的事。在這本書中,卡威爾引薦給我們的那些交易者不只挺過全球金融危機,還獲得巨大的報酬。

　　——密班·費波,知名暢銷財經作家,甘布爾投資管理公司首席投資長

卡威爾是順勢交易專家。本書精闢剖析為什麼那些頂尖操盤大師和基金經理人,能獲得如此耀眼的成功。

　　——馬克·梅林,《高績效期貨管理》作者

卡威爾對於交易有著不凡見解。無論你是新手還是資深交易者，都可從他對全球市場的解讀而獲益良多。如果你想成為一位真正的交易者，本書絕對不能錯過。

——路易斯・納維里爾，資產管理公司 Navellier & Associates, Inc. 創始人暨董事長

這是一個美妙的體驗，想像各個時代的交易大師在你面前將成功經驗與你分享，並給你誠心的建議。透過這本書，你我有了一對一向交易大師討教的機會。

——小莫瑞・魯傑羅，線上交易系統 TradersStudio Inc. 研究與發展部門副總裁

這本書，讓我們得以透過交易員的眼睛解讀金融世界。卡威爾在書中強調運用順勢交易獲益的幾個原則：堅持你的交易計畫、進行風險管理、設置停損點及多元化投資等。成功的順勢交易者嘗試捕捉偏離平均值的事件，並從幾次大的獲利來彌補過去多次的小額虧損。要能做到這點，需要投資者對交易系統及自己抱有信心。藉由向讀者介紹這些成功的順勢交易者，卡威爾相信順勢交易大師創造奇蹟的過程，將不再神祕。

——熱門投資社群網站 SeekingAlpha.com

【推薦序】
順勢交易哲學，
助你締造超級績效

葉韋辰（**Ego**）

　　身為職業股票作手，我的順勢交易心法是：只問停損點在哪裡。

　　如同書中提到的一位操盤手保羅・穆瓦尼所說的：「如果一筆交易一開始就朝著你預期的方向走，那麼只有當它的趨勢逆向時，你才要退場。不要預期一股趨勢能持續走多久，我們永遠不可能知道，我們只有選擇退場……並且也就別問『為什麼』了。」「不要因為自己覺得賺夠了就獲利了結，唯有遇到停損點時才退場。」

　　能先拜讀過此本經典優質作品，心中澎湃不已！因為多年前，我即把本書作者麥可・卡威爾視為交易啟蒙導師，他孜孜不倦地帶領一位又一位投資人進入「順勢交易」的世界並成為贏家。

　　感謝今周刊出版社出版這本好書，內容集結了世界各

地頂尖贏家的操盤思維,對於提升投資人的交易心智成熟與卓越績效表現,絕對有巨大幫助。

我常覺得,身為一位順勢交易者,就像是在深夜裡獨自一人開著車,走在某條筆直、看不到盡頭且沒有路燈的公路,而陪伴自己的,只有「車頭燈」。車頭燈能照亮眼前的路,但它也就只能照亮眼前的路。

你問:「更遠那邊有什麼?」「下一個彎之後是什麼?」它照不到、看不到,更無法先告訴你。

但是,只要順著車頭燈所照到的路,穩穩地開、專注地走,車頭燈終究會引導你,抵達你要去的目的地。

這些年來,我積極推廣「正念交易─專注當下」的觀念,目的就是為了更精準地去實踐順勢交易,而本書《順勢致富:14 位頂尖交易奇才,跑贏大盤、賺取超額報酬的投資法則》必將引領你我在致富之道上表現得更加卓越。

股票市場有兩種風格:投資當股東、投機賺價差。順勢交易,係後者的最高指導原則。

如果你也是那種想要買在 50 元、賣在 300 元(或者相反:把它空下來)的價差投機者,這本書一定要擺在你家書架上!

麥可.卡威爾說:「想在未來的趨勢裡獲利,你不需要先知道未來趨勢怎麼走。」面對股市洪流,當我們沒有

主觀、只有趨勢，放下預測未來、不再執著多空，只專注眼前所見而不是你所試圖預見，你我將臣服於趨勢之流所呈現在眼前的漲跌賺賠，最終必能徜徉於趨勢之中，順勢獲利。

（本文作者為台股正念交易師，著有《風控 Ego 教你 100 張圖學會順勢交易抱住飆股》。）

【推薦序】
管理風險、找出趨勢，順勢獲利

黃大塚

　　我想一定有人很好奇到底什麼是順勢，什麼是逆勢？上漲時去看空就是逆勢；漲勢過程中的拉回做多就是順勢？

　　價格不是多就是空、不是漲就是跌，順勢其實就是掌握到市場的方向而進行交易，定義就是在方向沒有改變之前，維持與市場同方向的部位。當市場方向改變，例如從多轉空，你能做的就是平掉看多的部位，評估是否進場做空，確定走空時開始建立看空部位，然後重複一樣的動作直到獲利到手，這就是順勢交易系統。

　　你可以在每一次的趨勢中在別人怕走勢太高而紛紛出場時「逆勢進場」，但唯一不該逆的，是你的交易系統需要保持一致性。也就是說在每一段行情中找出趨勢，然後再搭上順勢找到獲利機會。也許聽起來很矛盾，但是從價

格的走勢來看確實如此。

本書由海龜交易者網站創辦人麥可‧卡威爾所著，他用說故事的方式，敘述 14 位順勢交易高手如何在投資市場上取得極大的財富。透過本書，你會發現書中幾位高手的交易系統的共同點幾乎都一樣：對市場不多做預測、重視每一筆風險、建立屬於自己的交易系統等，而最終的答案皆是管理風險等同管理獲利。

筆者在市場上交易將近二十年，在這段期間也認識許多各路交易高手，像是 2014 那年，美元指數短短半年價格從 80 漲到 100，僅只有 20% 左右的漲幅，就有一位朋友 R 先生曾把 200 萬資金變 2 億，賺取 100 倍的報酬。其中令我印象最深刻的，就是在隔天凌晨美國聯準會要開會的前一天，與 R 先生相約在咖啡廳聊著當下對市場的一些看法，那時 R 先生的資金從 200 萬來到帳上未平倉損益金額 900 萬，當時我還問他要不要獲利了結。

他只回我一句：「如果明天凌晨美國聯準會的開會結果對美元不利，最差的情況會如何？」因為操作商品為期貨，而在有保證金維持率的條件之情況下，900 萬最壞的結果就是當低於 25％，也就是當 900 萬來到 225 萬（900×25％）時會開始強制平倉。

R 先生又說：「如果資金只剩下 225 萬，還比原先進場的 200 萬還多。」所以原本 R 先生的底線就已經設定

好為一開始投入的 200 萬，後來的過程中還是有遇到幾次波折，但就這樣從一路從 200 萬進場，抱到 3000 萬，最後再翻到 2 億，而絕大部分的時間，R 先生仍然會關注市場價格的變化，但是更專注於調整部位以順應市場，這一點與書中的 14 位高手相同！

市場是公平的，不管是高手或新手，每一段行情對任何人來說都是相同的價格走勢，唯一不同的是誰能對自已的風險負責，誰就能夠獲得極大的財富，也就是把每一次機會當成最後一次機會；把每一筆風險當成最要命的關鍵。

所以，我相信只要您能將書中 14 位交易好手的故事讀完，學會正面對待風險、勇於擁抱獲利，就有機會能成為下一位順勢交易的箇中好手！

（本文作者為交易實戰家，「黃大塚投資日記」粉絲團版主。）

【推薦序】
領略順勢交易心法，
幫你成功獲益

資工心理人

　　過去我是一位偏向指數投資的投資者，隨著在市場內待得越久，也認識越多人後，開始了解到投資並不是只有一種方法可以獲利，如人氣財經 Podcast 節目《股癌》主持人謝孟恭的書《灰階思考》中便提到，想在投資市場中生存，就要跳脫非黑即白的框架。

　　以前我總覺得操作順勢交易的人是一群瘋子，因為他們總是非常頻繁地交易，且當股價開始上漲突破的時候反而開始追，進場後假如股價表現不如預期則馬上砍倉，而且還會運用槓桿，不斷加碼獲利的部位，這在我看來是不可思議的，因為我偏向左側交易，如果是操作個股，我會評估股價到達合理價位的時候才會進場，而且會越跌越買。因為我認為既然對該公司的看法不變，更低的價格就是買進的機會。但後來認識的人多了，並且與這些趨勢交

易的高手交流後，才了解到他們的交易邏輯，以及為何他們有辦法在市場上不斷賺錢。

經過這些交流與學習後，現在的我認為投資領域裡沒有絕對的聖杯，只有找到適合自己個性的投資方法，才是正道。比如說假如你的個性不具備瘋狗流投資人般的果斷，你去操作瘋狗流投資法，下場就真的只會變成狗。但如果你沒辦法忍受價格下跌了還要抱著，或許順勢交易操作就是適合你的投資方式。

本書主要介紹數位順勢交易高手的心法紀錄，我們知道在投資市場中能夠打敗大盤的是少數人，這絕不是只拿著手機看看股價去做買進賣出就能輕鬆辦到的事，而這些高手能夠做到，即是因為有許多操作策略搭配風險控管，才有辦法在市場上長期存活。

本書中有許多我覺得值得嘗試，或想進一步在順勢交易領域裡學習的概念，例如要去推算一筆交易的獲勝機率有多少，了解之後才能夠知道如何做好風險控管，因為很多事情在發生前我們往往無法預先得知，而已經發生的事情又已經快速反應到市場上了，因此重點在於我們該如何去應對這樣的過程，所以在交易前先計算交易風險很重要。

此外，高手也會時時調整自己的思維，因為市場是會變動的，如原物料的價格不同、利率不同、就業率不同等，

過去有效的方法或策略可能會因為時間推移而變得不再有效。

　　總結來說，我認識的很多趨勢交易者都跟書中提到的一些高手一樣，會在趨勢出現的時候勇敢進場，發現趨勢不如預期的時候果斷停損，嚴格執行自己設定的規則，其中的操作是非常系統化的，並非像很多投資新手，以為自己是在交易，其實只是在憑感覺去賭大小，所以如果也想進入趨勢交易領域的新手，我覺得本書非常值得一讀。

　　祝福每一位讀者皆能夠藉由本書建立屬於自己的投資策略，並且在市場中順勢致富，長期持盈保泰，因為能夠在市場中持久存活，才是最重要的事。

　　（本文作者為財經部落客，「資工心理人的理財筆記」粉絲團版主。）

【推薦序】

運用順勢交易策略，
掌握多元致富機會

柯爾·威考克斯（Cole Wilcox）

　　所謂「順勢交易」，簡單說就是**注資獲利部位、了結虧損部位、管理風險**，只要持續做到這三件事，那麼終有一天會成為大贏家。也許你會說，這聽起來是每個投資人都應該做的事，然而在實際操作中，這三件事卻與人類習以為常的行為模式大相逕庭。順勢交易不是追隨大眾。事實上順勢交易往往與大眾奉行的交易模式背道而馳，而其中就存在獲利機會。

　　該投資哪種市場才能獲取高於平均的報酬？而要獲取高報酬，最明智、可靠的方法又是什麼？我想這應該是任何一位頂尖投資專家都會深入思考的問題。因為若只想追求平均水準的報酬，只需買進並持有指數型基金便足矣；但如果想獲得高於平均的報酬，就不能跟著大家的做法行動。那麼，該怎麼做才好？

正如此書第九章中所提到的，我的合夥人艾瑞克‧克里坦登（Eric Crittenden）和我拿這個問題問自己，我們花了十年，一邊喝了不知道多少杯咖啡一邊尋找答案。我們並沒有花多少時間便有了第一次的發現，然後是第二次、第三次、第四次。可是，我們發現的結果與傳統的期望結果相差甚遠，所以我們還得再三驗證，直到解開所有疑問。

八二法則

「八二法則」（The 80/20 Rule），又稱「八二法則」（Pareto Principle）、「關鍵少數法則」（Law of the Vital Few），已經成為商業世界中的經驗法則。比方說，你或許已經發現到有 80% 的營收，來自其中 20% 的客戶；或者有 80% 的客訴，來自 20% 的客戶；又或者你注意到 20% 的銷售人員，貢獻了 80% 的營業額。

然而，這項法則似乎在各領域中到處可見。

絕大部分的職業賽事得分，都是由少數世界級運動選手獲得的；少數的職業政治人士的任職期間不成比例地高；大部分學術文章是由極少數菁英學者貢獻的，以及大部分年度音樂或演藝獎項會被授予同一群最受歡迎的藝人。

即便在你的花園裡，也可以發現有 80% 的豌豆，來自其中 20% 的豌豆莢。

「八二法則」是自然界的定律，解釋了原子、細胞、動物、人類、企業與國家彼此競爭之下的結果。無論是哪種競爭，都可以觀察到大部分的績效，是來自少部分的參與者。

我們的研究指出，金融市場也存在這種關鍵少數現象。在我們的第一份研究論文〈資本主義分配〉（The Capitalism Distribution）中，我們探討了 1986 年至 2011 年間，所有美國個股的年度績效。研究結果非常有趣：每一年，資本主義都能催生出為數驚人的極端贏家和輸家。在我們鎖定研究的二十五年之中，有將近 20% 的股票表現極差，它們的價格衰退了至少 75%；另一方面，也有將近 20% 的股票表現優於預期，而剩下的大部分股票則盈虧幅度不大，「八二法則」顯而易見：**在任一年度，高報酬都集中在表現超乎預期的少數幾檔股票之中**。接下來，我們檢視全球市場和資產類別是否都具有關鍵少數的特質。我們針對 1991 年至 2010 年間，一共 105 個全球期貨市場的風險調整後報酬進行調查，這些市場的資產類別包含股票、債券、商品及貨幣等。在我們調查的期貨市場中，平均每年有將近 50% 的市場創下新高或新低價格。股票市場的情況也一樣，少數幾檔股票創造了絕大部分投

資機會的獲利空間。

　　總而言之，這個競爭規則，在金融市場也充分發揮作用。

真實世界是一片汪洋

　　上述這些比例數字告訴我們，成功與失敗的分配，比我們所認為的還不平均。**如果我們的期望是達成平均分配，那麼超乎預期的事件就可能會一直發生。**那種坊間所標榜的雖緩慢但可穩定漸進成長的投資組合，並不真的存在。

　　真實世界是一片汪洋，充滿波浪與急流，也有暴風雨和颶風，若它總是波瀾不驚、文風不動，那我們又為何要試圖在其中做交易？

　　我們發現，如果投資組合少了那些關鍵少數的高報酬投資，那麼將喪失所有能貢獻實質報酬的機會。如果那些少數高報酬的投資才是真正有影響力的決定，又為什麼要做一大堆不如預期的交易，來抵銷其他投資組合呢？為什麼要在只能產生鮮少實質報酬的投資上冒風險呢？為何不集中所有精力和風險，找出那些能持續創造超額報酬的投資，並且只要持續持有就好？

順著這樣的思路，將會直接引領你開始從事順勢交易，這是一種系統化且基於規則的投資方法，利用實際數據來鑑別哪些是高報酬標的，且能有效淘汰其餘低於預期的投資標的。

只要趨勢持續強健，順勢交易的投資人便可利用這些異常事件乘勝追擊。

懂得運用順勢交易策略的投資人，等於掌握更多元的致富機會，包括股票、貨幣、期貨和固定收益證券。**無論從事多頭還是空頭交易，順勢交易法都能使投資人受益良多**，因為這表示投資人可從各種市場環境中賺取利潤。在這片投資汪洋中，跟蹤趨勢能助你乘風破浪，永續締造複合成長的報酬。

如果投資組合是一支 NBA 球隊

如果你的投資組合，是一支 NBA 職業籃球隊，跟隨趨勢的策略將促使你去網羅「小皇帝」詹姆斯（LeBron James）、「黑曼巴」布萊恩（Kobe Bryant）以及「魔獸」豪爾德（Dwight Howard）等世界頂尖球員。

在 NBA 中有許多傑出球員，但天賦異稟的球員猶如鳳毛麟角。

也許早在他們剛成為職業球員，甚至早在他們還是國中生時，這些菁英球員便已開始嶄露頭角。這些數據軌跡一旦浮現，敏銳的順勢交易者就能馬上辨認出來，接著著手買進這些能獲得超常績效的標的。

成功的順勢交易，不是要各位賣出表現超乎預期的標的，藉此買進有前景卻未被發掘的投資組合。順勢交易者無法預測哪個價格趨勢將持續保有獲利空間，實際上**順勢交易只是找出已經成形的趨勢，並且跟隨那股趨勢直到它們的潛力徹底發揮出來。**

當傳奇球星布萊恩還在費城郊區的勞爾梅里恩高中就讀時，便已展現出不同凡響的鋒芒。

他的籃球天賦，就連全美籃球名校杜克大學都試圖延攬他入隊，後來他在 NBA 官方選秀會中被夏洛特黃蜂隊選中，之後洛杉磯湖人隊更不惜以當家先發中鋒為籌碼，只為交易他到隊上效力。

當時的湖人隊總裁傑瑞·衛斯特（Jerry West）雖然支付了高額代價，但後來布萊恩為湖人隊創造的價值，至今無人能及。

將風險視為商品

順勢交易的根本精神是找出那些超出預期的標的，而且只要它們保持傑出表現，就要繼續持有。儘管如此，順勢交易法也需要你**學會選擇放手**。選擇放手與繼續持有一樣重要，前者甚至比後者更關鍵。我們需要預設停損點，來防堵虧損超出可控範圍。有時候我們會難以承認犯錯，並且願意認賠殺出，但當趨勢已經結束，當浪潮已經歸於平靜，堅持下去只會被捲入水底。

我不是要濫用運動來比喻，但不妨想像一下你打算脫手「老虎伍茲」（Tiger Woods）這檔股票！這下你可能真的要頭痛了。假設他還是高爾夫大滿貫冠軍，在他接受幾次手術和經歷離婚低潮之前，你就已經持有這檔股票。後來他的表現屢屢不佳，世界排名也不斷下探。然而因為你還記得他的過往戰績實在輝煌耀眼，所以不甘心現在狠心放棄。混合著恐懼與貪婪的心情會對投資人產生嚴重影響，使他們緊抱虧損的部位不放。「萬一他成功擺脫困境了呢？」「萬一他又再次贏得大滿貫，而且還打破名將傑克‧尼克勞斯（Jack Nicklaus）的紀錄呢？」可是身為順勢交易者，為保護自己免於受無法控管的風險所害，我們必須有系統地消除偏見。

事實上，老虎伍茲看似即將回歸戰場，他也很可能

會這麼做。儘管已經不只一人在電視台試圖預測他即將回歸，可是他們都錯了。

順勢交易到頭來只能用來區別贏家和輸家，因為勝利正握在贏家手中。

順勢交易者將風險視為一種商品，正如油箱裡的燃料，投資人只有這麼多風險，用光就沒了。一旦用盡風險，這段旅程就結束了。一旦燃盡風險，即便最好的機會出現在面前，你也沒辦法抓住。

順勢交易者已經認清這項投資基本原則，因此他們**注重管理風險，更勝於管理獲利**。

對於那些無法賺得顯著報酬的投資，他們寧可拒絕浪費風險。

報酬只有平均水準的投資有可能轉為虧損，而且那些投資要貢獻大幅收益的可能性微乎其微。順勢交易者也會設置虧損上限，就像老虎伍茲的例子，看似已經失控的情況可能回到正軌，但萬一沒有好轉，風險是可控管的嗎？

正確的順勢交易做法是：即便離開是苦澀的，但繼續留下來更令人倍感痛苦。

非對稱的獲利空間

用這種方式來限制損失，將能確保有個基礎的圖利空間，因為你將創造出一個非對稱的獲利空間。也就是說，你的獲利部位總是能抵銷虧損部位，甚至還獲得投資收益。於是，這便形成一股能隨著時間而獲利的趨勢。

順勢交易看數據，而非看新聞。實際市場價格會決定交易的獲利能力，因此我們需要追隨市場價格的趨勢，而不是新聞和分析的趨勢。所以，當一切都正確執行時，我們就能免受華爾街、財經頻道節目和其他財經名嘴的遊說，以及從眾效應所影響。當數據告訴我們該買進，我們就照做；當數據告訴我們該賣出，我們也照做。然而，這不表示你永遠是對的，做對的事非常困難。而順勢交易提供一個容錯框架，容許我們會經常犯錯，但當我們做對時，久而久之就能走在更有利可圖的道路上。

只有當我們掌握當下這筆投資的生態系統，才能夠明智地決定要採取哪種策略。在我們為期十年的研究生涯中，艾瑞克與我花了許多時間，仔細研究全球市場的超長期數據。結果清楚指出，金融市場會經常發生各種形式的危機，而那些具破壞力的事件就像浪潮席捲整個市場。傳統投資策略就像專門為了風平浪靜的情況而打造的小船，可是重浪輕舟是沒有意義的。相較之下，順勢交易是一艘

遠洋輪船，它是專為市場波動打造的策略，因此可以挺過時不時出現的暴風驟雨。

順勢交易法可保證各位能安全通過投資之海，同時滿載而歸嗎？當然不行。無論你採取哪種投資方法，唯有使用的過程以及伴隨辨認市場出現的機會，才能決定其是否管用。然而，順勢交易的架構顯然有助管理風險，並能優化投資人因應市場實際情況所做出的反應。而我認為，這是一趟值得我們經歷的冒險之旅。

（本文作者為長板資產管理有限責任公司〔 Longboard Asset Management, LLC〕共同創辦人、執行長兼投資長。）

【推薦序】
順勢交易策略，
翻轉我的投資思維

庫倫‧羅奇（Cullen O. Roche）

　　順勢交易，聽起來很簡單，不是嗎？知名投資分析師丹尼斯‧加特曼（Dennis Gartman）常說：「如果有一張圖表所呈現的圖形是從左下方發展至右上方，我會為它感到開心。」在不了解順勢交易的人眼中，加特曼的話已經說明順勢交易的含意：**首先要找出趨勢，接著順勢獲利。**正如有句名言說：「趨勢是你的朋友。當趨勢結束，你們的友誼也畫下句點。」這句話可說是直接點出順勢交易的價值。順勢交易不只是找出能創造大幅獲益的投資機會，更是關於如何運用規則和技巧，來管控與這些投資息息相關的風險。儘管順勢交易看似簡單，卻是讓**全球成功投資大師都信服的一種精密、全方位且格外關鍵的投資技術。**

　　不過我得在這裡先聲明，我不只有運用順勢交易策略做交易，我會使用多種交易策略，主要是因為我不相信會

有兩個相同的市場環境，再加上市場是極度沒有效率可言的。這一次在牛市或熊市奏效的方法，下一次牛市或熊市中可不一定管用。這也是為什麼做交易需要靈活變通，我們必須懂得適應新的市場環境才行。我的核心策略是風險管理，以及建立系統化交易方法。而在我建立自己的投資策略基礎時，順勢交易絕對扮演相當關鍵的角色。

情緒控管與市場心理

　　回想起當初剛拿到財金學士學位的我，是典型的有勇無謀投資人，於是我賠錢了。我跟大部分投資人一樣，開始閱讀那些投資前輩的成功故事。我把股神巴菲特寫給股東的信統統印出來，也讀了所有被奉為投資教科書的讀物，從《漫步華爾街》《彼得林區選股戰略》到《智慧型股票投資人》。某一天，父親拿給我卡威爾寫的第一本書：《趨勢交易正典》。這是一本看似不起眼的書，但這本書提出的資料與論點強而有力，從此翻轉我對投資的想法。

　　順勢交易不只是在圖表上畫一條線，希望這條線能從左下方往右上方走。順勢交易即是在研究市場移動的歷史，因此我們需要制定行動計畫和規則、學著如何運用那些規則、了解資金管理，並且實施風險管理方法。華爾街

的投資公司長久以來向散戶推銷的交易法都是失敗的技巧，與其一再複製失敗，不如嘗試追逐趨勢。順勢交易促使我們跳脫框架思考，而且能應用在所有市場，配合所有交易策略。

就算不能完全同意順勢交易的技術分析，也不得不認同順勢交易者所運用的交易技巧，是導致他們成功的關鍵因素。

其中更重要的地方是，順勢交易者知道心理學在市場上的重要性。我認為所謂市場，是所有參與者的決策之結果。市場沒有效率，是因為參與其中的人沒有效率。因此，更懂得情緒控管的參與者，將擁有無可匹敵的優勢。本書作者卡威爾所言不假：

要做到順勢操盤並非不可能，它也不是過氣的交易策略或被過度炒作的神祕黑盒子。順勢操盤的規則很單純，人為因素是這項策略的核心。市場難免有起有落，為了堅持下去，我們需要紀律和情緒控管。不過別忘了，順勢操盤手已經料想到市場會起起落落了，而且更重要的是，他們懂得提前因應。

擊敗 2008 年金融危機

投資市場在 2008 年呈現非理性現象。在 2008 年初，也就是人類有史以來最嚴重的財富損失時期開始之前，被華爾街的分析師評等為「建議賣出」之股票只占 5%，剩下的 95% 則為「建議買入」或「建議持平」，這表示華爾街不打算讓投資人知道何時該賣出股票。我想各位也知道，華爾街一直在思考提出新方法，說服投資人買進或持有它們推出的新產品。假如你是一位汽車銷售員，可是卻告訴大家不應該買車，這樣你該怎麼賺大錢？順勢交易策略破除這個惡性循環，不只幫助我們找出正確買進時間，還協助我們控管風險、發展一套系統化的交易方法，以及判斷何時應該賣出。

順勢操盤的效果有目共睹，當一般美國股票投資人賠掉 50% 資本的同時，順勢操盤手卻在 2008 年成功打敗標普 500 指數，因為他們早已在投資組合中建立風險管理結構。

有句諺語是這麼說的：「沒辦法做好計畫，失敗就是注定的。」順勢交易者之所以成功，正是因為他們採取的投資方法，也就是風險管理加上恪守紀律。而且即便你不跟隨趨勢，也可以在投資市場取得成功，只要懂得風險管理、建立規則，以及提前規畫的重要性。否則，你注定會失敗。卡威爾的這本書，是一本絕對不可錯過的投資指南

書，可幫助各位安穩通過這片充滿鯊魚的投資水域，並抵達成功之港。

（本文作者為奧盛投資公司〔Orsus Investments, LLC〕創辦人暨執行長、《資本主義投資說明書》作者。）

【前言】

跑贏大盤的投資策略

美國知名經濟學家班・史坦（Ben Stein）曾說過：「如果在 2008 年的金融危機期間你的損失不夠慘烈的話，那一定是有哪裡不對勁了。」當我一聽到這句話時，不禁想大喊：「這個觀點簡直胡說八道！」這一年，有人憑藉可靠的獲利策略賺得盆滿缽滿，贏家們並沒有什麼不對勁的地方。他們不過是恰好具備一種防患於未然的眼光，於是當那些出乎意料的事件一一展現時，他們就能大撈一筆。

幾十年來，投資人一直被灌輸的觀念是他們無法打敗市場，並且告訴他們要買指數基金和共同基金、收看《全國廣播公司商業頻道》（CNBC），還有要相信自己的政府。我告訴你，這些都沒用！在過去十年間，我們已經看見一次又一次的市場崩盤，然而那些投資界巨頭們卻不斷告誡我們：唯有堅持傳統的投資策略才是唯一抗衡方法。

不過我相信很多人的內心深處都對此抱有疑慮。即使我們不知道贏家到底是誰，但一定存在，尤其是在股市崩盤中期。

我將要向各位介紹一種新的思考方式，這一賺錢之道跟以往你從券商、媒體和政府方面聽到的方法很不一樣。

首先，**不需要做基本面分析**。許多投資人使用基本面分析當成投資活動的基石，即透過閱讀一家公司過去及未來的財務狀況來進行投資決策。然而其實你不需要知道下一代 iPad 的需求量有多少；也無須知曉金價會上漲或下跌多少，以及金價波動背後的原因。想要獲利，你只需要理解一個變數就好，而這個變數就是**市場趨勢**。只要你搭上市場趨勢成功上車，無論走勢往上或往下，你都能順向前進。

順勢交易者遵循的三大法則

這是一本關於順勢交易的書。或許這是你第一次聽到這個詞。順勢交易的概念非常簡單，假設你不知道市場的走向，或者不知道這股趨勢還會持續多久，那麼順勢交易者會告訴你，假如蘋果公司目前的股價是 300 美元，而且股價還在上漲，他們便會買入蘋果。為什麼要這麼做？

因為若蘋果公司的股價開始上漲，你勢必也會想入股。沒有人知道蘋果公司的股價會漲或跌到多少，可要是股價從300漲到400，你肯定不想錯過吧——即便300美元看似買在高點。我們的目標從來不是買在低點，或在股價便宜的時候買入。

順勢交易策略的最大優勢在於，你不需要對國際油市瞭若指掌，也無須知道未來幾周或幾年內的原油供需情況，順勢交易者根本不關心這些。當油市走升時，你就進場。當進場後，只要油市不升反跌，而且你開始出現損失時，就要出場。如何知道自己該出場了呢？趨勢追蹤者會遵循幾條永不過時的經典法則。

第一，**當發現自己做了錯誤投資決定時，要接受事實並出場**。倘若市場趨勢並未按照你的預期發展，你得容忍一些少量的虧損。想要盡可能減少損失，關鍵在於承認失敗。這就是我們保全資金的方法。

讓我再說得更清楚些吧。回到剛才的蘋果公司股價話題，假設蘋果公司的股價是300美元，你看到價格漲到310美元，於是選擇買進。你希望股價能漲到400，可是不確定能不能漲上去。所以當你以300美元買進蘋果時，你告訴自己：「我只願意接受5%的虧損。」（這只是舉例，以方便你理解這個原則）。假設你有10萬美元，並

且全部押在蘋果公司，那麼表示你願意承受 5000 美元的虧損，同時希望漲勢上看 400 美元。倘若蘋果公司開始下跌，而且你的損失達到 5000 美元，那麼你就賣掉股票。我說完了，趨勢跟蹤說白了就是這麼一回事。如果趨勢不往下走，你不會損失 5000 美元，也就可以繼續搭著這台順風車。

第二，**順勢交易策略不只能在牛市裡賺到錢，在熊市也能讓你獲利**。當趨勢往下走時，你可以進行「做空」操作，這時只要市場趨勢持續保持下行，你還是有利可圖。這意思是當 Google 股價從 600 漲到 700，或者從 700 下跌到 600，你都可以賺到一樣多的獲利。

不只在股市，即使順勢交易者「對市場的了解不多」，他們也能夠在貨幣、期貨、債券、黃金、原油等市場制勝。

第三，你**完全不必理會交易是在哪個市場中發生的**，順勢交易者只在乎市場價格正往哪個方向移動，好讓他們可以搭上那台高速行駛的列車。不妨想像自己是一名偷渡客，搭上一艘開往海島的遊輪。為什麼要在意船會如何抵達目的地？反正已經搭上前往海島的船了，那些航行的細節就讓別人去操心吧。

最優秀的交易者也是這樣想的嗎？他們真的會這麼做嗎？當然是！

為何順勢交易並不廣為人知？

順勢交易的操盤手不僅在 2008 年賺到錢，幾十年來他們都在累積財富。但這個無論在熊市還是牛市都能賺錢的好方法，為什麼大部分的人卻都沒聽說過？為什麼對這個在市場處於混亂之際，仍舊可以維持良好績效的致富之道知之甚少呢？

答案是：共同基金。

我們不斷地被一個觀念迷惑：要買進並持續持有共同基金，才能抱著一大桶儲蓄金安穩退休。各大共同基金公司在華盛頓聘雇糟糕的說客，把那不切實際的夢想賣給絕大多數投資人。你真的相信投資共同基金是一個好點子嗎？若是投資共同基金十年後你的收益為零，與此同時這些共同基金公司卻能賺進數十億美元，那你還會相信共同基金是一個不錯的投資管道嗎？

不過我們還是別在這問題上糾結太久了，因為這本書不會浪費太多時間去抨擊共同基金。本書是為了說明以及證明，真的有一種正當合理的致富之道。所以我會從那些

活躍於市場上的順勢交易贏家的角度出發，介紹我所了解的順勢交易策略。那麼，為什麼應該要關注這些市場贏家呢？

最起碼他們都是真正每天在從事交易的人。他們可不是在財經節目中誇誇其談的名嘴。他們不是學者，也不是政客。他們不做預測，也不提出稀奇古怪的言論，他們只專注在如何賺錢。各位可能會問，怎麼知道他們真的有賺錢？怎麼知道他們是實際存在的人？他們的交易成績都經過審查，而且美國政府（以及本書附錄 B）也有紀錄可供查詢。

是不是對於順勢交易還抱持懷疑？我從 1996 年就開始教授、寫作以及研究這個主題。人們未能採取順勢交易策略，或者無法理解這個策略的首要原因，應該歸因於教育，更具體地說是缺乏教育。

我發現在談順勢交易這個主題時，向讀者和學生介紹那些真正的投資贏家，不是分享贏家光鮮亮麗的一面，而是私下的真實人生故事與策略，更能提升學習曲線。如果我們能深入探究那些投資大師，甚至是一些操盤新星們背後的故事，如果能了解他們的成長背景、價值觀以及奮鬥史，那麼你將會更懂得如何掌握並利用順勢交易策略來進行操作。更甚者，藉由體會他們的人生，你將發現其實他們與自己之間有許多共同點。

交易是一種腦力勞動。不相信我嗎？想試試其他方法嗎？別說我沒提醒你，別讓自己那麼快破產。

踏上交易之旅，分享贏家智慧

探討順勢交易的要領，是我畢生使命。

很多人寫書試圖告訴讀者，他們知道明天將會發生什麼事。你真的想要押注在那些人身上嗎？不覺得那像在賭桌上擲骰子？

沒錯，這些預測簡直是一派胡言。

不過我並非要你相信我說的話。我要帶你踏上一次交易之旅。在這趟旅程中，你將遇見 14 位操盤手，你會發現他們都有相似觀點，也信奉順勢交易的投資哲學。幾十年來，這些人確實從市場中賺進數十億美元獲利，他們都是貨真價實的交易贏家，並且將賺錢之道與我分享。現在，換我來與各位讀者分享他們的投資智慧。

那麼，這些成功者有什麼共通之處？他們都是白手起家，沒有繼承得來的財產，沒有一個是含著金湯匙出生的。當所有人都說他們不會成功時，他們卻很清楚自己該如何致勝。他們不輕言放棄。儘管他們的成功故事各有千秋，但這些親身經歷足以帶給我們啟發，用來累積一生的

財富。

　　最後也是最重要的一點，你將從這本書學到的要領，也就是這些頂尖交易者和我將要跟你分享的經驗，是鮮少人知道的事情。這些人不怎麼公開分享他們的見解。他們都很信任我，相信我能精準地說出他們如何順勢操作，從而獲得財富的故事。

　　我會盡量不去描述他們的投資細節，而是聚焦在他們的交易智慧。可是請注意，這些交易者都是最一流的操盤手。在他們之中很多人是將一無所有，化為無所不有。在此先透露幾位你即將要認識的交易大師，和他們的輝煌戰績：

- 蓋瑞・戴維斯（Gary Davis）、傑克・福雷斯特（Jack Forrest）以及瑞克・史勞特（Rick Slaughte）共同經營昇陽資本合夥管理公司（Sunrise Capital Partners）。他們從事順勢操作已經超過三十年。
- 大衛・哈定（David Harding）創立元盛資產管理公司（Winton Capital Management），從事順勢交易策略二十餘年。哈定賺到的財富將近 10 億美元。
- 大衛・德魯茲（David Druz）在三十年前眼見他的交易帳戶餘額僅剩下 1500 美元。但自從 1981 年他開始運用順勢交易策略，讓他舒服地坐在夏威

夷的辦公室就賺進數百萬美元。

- 凱文‧布魯斯（Kevin Bruce）帶著 5000 美元入市，藉由二十多年的順勢操作，累積 1 億美元財富。

- 保羅‧穆瓦尼（Paul Mulvaney）從事順勢交易已有十年紀錄。僅在 2008 年 10 月這個月裡，他的收益率就增加逾 40％。是的，在過去三十年來最瘋狂的那個月內，他反而打了漂亮的一仗。

還有更多大師，迫不及待要介紹給各位認識。我只是先向各位預告，你即將向最優秀的贏家學習，而不是哪位不具名人士在網路聊天室裡大放厥詞。請仔細翻閱接下來的章節，我保證書中的內容會讓你感到驚喜不已，甚至沉迷其中。

堅持不懈
順勢交易的第一課

蓋瑞·戴維斯
Gary Davis

傑克·福雷斯特
Jack Forrest

瑞克·史勞特
Rick Slaughte

T R E N D   F O L L O W I N G

儘管如今的昇陽資本合夥管理公司，已經是間首屈一指的財富管理公司，但該公司可不是一開始就取得成功。創立昇陽資本合夥管理公司的，是三名敢於與眾不同且眼光獨到之人。一見到機會出現，他們便會展開追逐。其中一位創辦人曾說：「我們堅守本分，遵守交易規則。」就算我已經在前言提到這點了，我還是要再說一次：想學會順勢交易策略，想利用順勢交易策略賺大錢，信心是不可或缺的，而要幫助建立信心最好的方式，便是鉅細靡遺地告訴各位那些順勢交易操盤手的成功歷程。在閱讀本書過程中，你也許會問自己，為什麼需要知道這些交易者是何時開始從事順勢交易策略的？你也許還會問自己，為什麼需要了解他們在七〇年代、八〇年代、九〇年代以及後來的績效表現？這是因為他們一直以來都在跟蹤趨勢，他們的成功絕非是因為運用某種交易方法，所以才「幸運地」在一個月、一年或十年內累積財富。他們每個月都在跟蹤趨勢，並持續幾十年。事實上當你讀完本書後，我希望你能謹慎看待所有交易策略──不只是跟蹤趨勢──是不是能持續幫助你繳出好成績。要是你找不到某種交易策略背後的實績，那就跟賭博沒兩樣。再說下去就離題了，我們開始吧。

傑出的交易者，專注且堅持

你能從本書學到的第一件事，就是：**堅持不懈**。有太多事在分散我們的注意力：新聞頭條、突發狀況，以及無法預測的混亂事件隨時都會發生，但絕不能讓自己被擾亂。所以關鍵祕訣就是：傑出的交易者不會去注意那些事。經過努力工作及勤奮研究，也許還加上些許運氣成分，他們已經發現比起認識隔壁鄰居或擔心鄰居過得好不好，能堅持執行交易計畫才是關鍵。

接下來，請和我一起回到七○年代中期。當傑克・福雷斯特在聖地牙哥做執業及教學醫生時，便開始透過交易累積存款。雖然不是很多錢，但也足夠了。之後他開始投資股市，但不久就發現商品期貨市場的劇烈漲跌幅更加有利可圖。

一開始，福雷斯特跟許多人一樣都是參考基本面：研究資產負債表、供應與需求等來進行交易。然而，他發現自己對分析市場不太在行。他詢問過在地的期貨商，他們也毫無頭緒。他們看起來沒有一致的邏輯，也沒有運用系統化方法來進行交易。許多人就像賭徒似的，其他人則認為自己可以感覺到即將發生的事，於是進行交易。我們都有過那種經歷，這也是大部分人踏入交易市場的故事。

可是，當你意識到在市場上憑感覺（也可以說是根據

基本面）行不通時，該怎麼辦呢？我建議轉換為使用系統化的交易技巧。

這表示我們要去回顧過去發生的事。首先是閱讀知名投資人的故事，例如傑西・李佛摩、迪克森・瓦特斯（Dickson Watts）、理查・董詮（Richard Donchian），以及其他傑出操盤手經年累月運用系統化交易方法的真實故事。閱讀這類書籍對我們沒什麼壞處，這些作者以及他們經年累月得來的智慧，都有一個共通點：大膽前進，並持之以恆。

問題是：「要如何大膽前進？」「是指嘗試不同事物？」「具體而言是哪些事物？」「是不是付錢向某個人討教一套交易規則？」

於是，福雷斯特開始實驗技術性的順勢交易策略，以及通道突破策略（channel breakouts）。通道突破策略是發生在當一檔股票或一宗商品正處於價格盤整的交易通道（tight channel）內，接著開始以高於通道最高價進行交易。什麼是價格盤整的交易通道？例如當蘋果公司股價正以 300 美元、305 美元、300 美元、305 美元、300 美元的價格反覆交易，接著突然上漲至 325 美元時，這檔股票就是在突破盤整價格所形成的「通道」。

這個突破策略，使福雷斯特的實驗進行得非常順利，所以他便繼續這種操作方式。有些操盤手要花幾年時間才

能找到可獲利的系統，不過福雷斯特運氣不錯，他找到正確的入市方法，而且與其他人的操作方式非常不同。

有了這些交易規則，我們就可以依約行事。不妨把這些規則一一寫出來，並嚴格地遵守。福雷斯特奉行的第一個交易系統非常簡單：在周價格被突破時入市。這是以十二周為單位的突破系統。當市場突破十二周以來的高價或低價時，就要買入或賣出該標的。

這個交易策略可用在哪些市場？儘管福雷斯特所在的市場──全部都是有形商品──已經跟現在完全不一樣，但是**有系統地跟蹤趨勢，在現今也能無往不利，無論是股票、貨幣、黃金或石油，統統都適用。**

在八〇年代早期，福雷斯特曾參加由傳奇交易員愛德・賽可達（Ed Seykota）所指導的夜間課程。賽可達進一步確立了順勢交易的規則和交易心法。

賽可達所教導的，是以四周為單位的通道突破系統，再加上一個條件：只在市場走揚（多頭）時入市。當市場走跌時，他就不會應用該系統（非放空）。

這條件就像一道柵欄，一見到交易訊號（突破點）就可以買入。只要最近六個月是向上突破，就可以做多。順勢交易策略其實很簡單，但堅持下去才是最困難之處。

由於賽可達用這個系統化方法獲得極大成功，所以福雷斯特相信自己也可以創造同等的成就。

這也正是我要向各位一一介紹那些成功的順勢交易大師的理由，希望幫你培養出跟他們一樣的信心。

五花肉與操盤手之路

福雷斯特與蓋瑞‧戴維斯都是在加州大學聖地牙哥分校從事研究工作的醫生，他們還是網球雙打搭檔。當時福雷斯特很想與志同道合之人交換交易心得，他想認識同樣使用系統化順勢交易的朋友，可惜他還是遇不到。

在福雷斯特與戴維斯認識的前五年，他們都沒有聊過關於交易的話題。儘管他們是好友，戴維斯對福雷斯特的交易熱情卻一無所知。

戴維斯後來是怎麼發現福雷斯特對投資的熱情的？故事要回到某一天網球雙打比賽結束後，他們坐在沙灘上聊到豬五花。沒錯，他們在聊豬五花的期貨合約，這是一種在芝加哥商品期貨交易所的交易商品。

那天在沙灘上聊到豬五花時，福雷斯特說自己擁有「所有關於交易的書籍」，他還告訴戴維斯如果有興趣了解市場的話，歡迎隨時來借閱。戴維斯一周內就讀了近二十本書，這是他從事順勢交易的起點。

聽起來像是一場無心插柳？戴維斯好像本來沒打算成

為一名操盤手嗎？你說對了一半。雖然戴維斯很喜歡教職工作，但卻從不認為這是他的理想職業，他也總覺得自己與其他同事格格不入。

當戴維斯快要三十四歲時，他開始按照一位名叫威爾斯・懷爾德（J. Welles Wilder, Jr.）的作家所提出的順勢交易策略來進行交易。他的前十七筆交易都賠錢，但後來稍微做了一點調整（他相信那次調整正是他至今還在市場活躍的唯一理由），於是他便得以重返市場。

是什麼樣的契機讓戴維斯靈光一閃？以長期交易而獲得成功的操盤手，以及一些運用趨勢跟蹤或動能交易而獲得成功的交易者，他幾乎都仔細研究一番。

戴維斯從一連串慘敗交易恢復過來之後，才發覺自己對其他人的操作方式一無所知，除了他從書中認識到的人以外。他還知道一件事，就是大部分操盤手大約只用六個月時間，就會把錢全賠光。更糟糕的是，成功的操盤手看起來可以撐到三年左右，然後就會賠掉所有的錢，因此他估計自己大概也八九不離十。

戴維斯喜歡自行鑽研，他不太常與其他交易者交換意見。他認為順勢交易策略的關鍵在於堅持自己的計畫，而不是看了別人的策略之後覺得「他的想法真不錯，我也要來試試看」，然後去改變自身的交易規則。

正當福雷斯特與戴維斯還在各自的交易道路上學習

成長之時，他們未來的合夥人瑞克・史勞特早已知道他想要投資哪些市場了，他甚至還記得自己小時候坐在爺爺腿上，聽他講述關於股票的事。

年輕時的史勞特對公司法很有興趣，但他的計畫卻出現變化。在他二十一歲生日時，他完成第一筆下單交易。在七〇年代，他是其中一位先把交易系統編入電腦程式的人。在這之後過不了多久，史勞特就自立門戶，用系統為客戶進行順勢交易。

戴維斯繼續遵守他的規則，並用自己的錢賺來更多錢，經過一段時間後他得到一個結論，那就是擴大自己的交易策略規模，可帶來可觀的獲利。於是他找了朋友和家人，以募集更高額的資金。

在如今已是知名順勢交易者的肯恩・托賓（Ken Tropin）鼓勵之下，戴維斯在 1980 年開了一間公司，也就是後來的昇陽資本合夥管理公司（當時的公司名稱是昇陽商品公司）。

戴維斯那時還不太愛用高科技產品。他比較喜歡謄寫《華爾街日報》上的表格和價格報價。

我們已經習慣使用電腦，以及每天二十四小時資訊不斷轟炸。然而，如果要測試交易構想是否可行，我們還是要靠經驗累積，才能從數據中判斷哪些是真，還是運氣使然。在電腦尚未普及的年代，所有測試都得靠手動操作。

你可以看到每一筆交易都寫在紙上。那時只需檢視表格，只要看得越久，就會發現其中所顯現的投資道理。

戴維斯在昇陽延續成功的交易紀錄，到了九○年代中期，他已經成功管理超過 2 億美元資金，並且每年都能穩定繳出雙位數的投資報酬績效給投資人。這時候的福雷斯特已經認識史勞特，並且跟他一起合夥，這個團隊經營得非常成功，儘管他們所管理的資產規模比不上戴維斯。於是在 1995 年初，這三位贏家憑著一股直覺，共同創立昇陽資本合夥管理公司。

市場並不有效率

很多人會認為市場不可能被打敗，他們會說市場是有效率的。效率市場被眾多學者奉為信仰，他們通常會這麼說：「即便你觀察到市場上有差異存在，可是等到你想試著利用其差異時，它便消失了。所以，勸你最好買入共同基金，直到老死之前都不要賣出。」順勢交易者不會認同這種觀點。

史勞特比另外兩位都還年輕，對人生以及對市場的觀點可能都顯得有些自大，可是他從不相信效率市場假說。史勞特是在讀研究所時期，第一次接觸經濟學家尤金・法

馬（Eugene F. Fama）所提出的效率市場假說，當時這個理論才剛在學術界生根。史勞特看到這項假說的破綻。當他與許多同學都在持續賺錢時，他並不覺得市場會如何有效率地反映。從那時候直到現在，他的觀點幾乎截然不同於所有典型的華爾街觀點。

實際情況如何呢？市場常處於能製造可觀獲利的「尾端」，也就是獲利會隨著時間而大幅超越市場在非極端時期時可能會發生的損失。這裡所指的「尾端」，總會讓我想起以前討厭的統計課，也許你跟我一樣討厭那堂課。我的意思是指鐘形曲線的尾端：極端事件的發生機率應該很低，可實際上在市場卻經常出現極端事件。

我們都知道這是一個混亂的世界，我們知道意外之事隨時可能發生。我們也知道試著以一個完美對稱的鐘形曲線、常態分布來解讀這個世界絕非明智之舉。那為什麼不設計一個交易策略，來利用這混亂的世界呢？

所以我們該怎麼做？只要你發現市場中潛在的趨勢訊號時，就要採取各種過濾方法（不一定是先前提到的賽柯塔所使用的過濾條件，而是秉持同樣態度）。我們需要以懷疑角度去看市場的波動，並確定該變化只是單純的噪音，還是價格開始出現趨勢。由於我們不可能得知各種情況的差異，所以就一般而言，如果市場出現大幅震盪時，你應該將交易規模縮減至最初的水準；當震盪較小時，就

要以較高於初始交易的價格進行買賣。

重點在於**確保自己永遠不會錯過潛在的大趨勢**。當你的系統告訴你價格已經達到觸發價格時，我們總是會想進行一些交易。如果你發現操作錯了，就得及時停下，保護你的資金不再流失，也就是停損。

規則與資金管理

趨勢是你的朋友。這是一項非常有利的工具，而且讓你永遠都不會錯過交易時機。畢竟，我們永遠不會知道哪個波動將成為所有變化的開端。

我們可以從這些來自昇陽公司的人身上學到一件事：他們沒錯過每一筆交易；不過，他們在那些交易中所承受的風險高低會隨著時間而改變，時間也會影響他們要將那些交易拆分成多少筆交易。

大部分的交易都能獲利嗎？不。可是，正因為我們不會知道哪一筆交易會賺或賠，我們才要進行每一筆交易。覺得這種交易方式太累贅嗎？有那麼一點吧！但這就是重點所在。

如果想要賺錢，就得投入市場進行交易，但我們也必須保護自己不在每一筆交易中損失慘重。成功的趨勢跟蹤

關鍵在於**停損**，不過我想這點對大多數投資人來說也很重要，甚至包含那些經常在電視上露臉的知名市場基本面投資者。

向大師學習

　　合乎邏輯的規則，可以左右我們是否成功！因此我們得跟著那些大師的腳步。每當我們進行交易時，無論規模大小，預設停損點可讓我們在發現趨勢瞬間逆轉時，將損失控制在非常少的金額以內。除了一般停損點之外，所有交易也必須預設移動停損點（Trailing Stop Loss），並且當發現價格開始形成趨勢時，就要啟動移動停損，並接著提高它的觸發價格。如果價格上漲後反轉往下，也要啟動移動停損，這麼做至少還能實現一些獲利。當趨勢很可能延續時，我們會想要試著承受最高風險暴露（risk exposure）；而當趨勢不太可能延續時，我們只想承受最低風險暴露。一般而言，我們在所有市場中都想這麼做。然而有一些市場和特定產業的規則可幫助我們做區別。比方說，在某些市場中例如小麥市場，在不使用歐元交易的市場中很少使用一般停損、移動停損以及獲利目標價。

　　順勢交易的核心理論是，當市場開始出現一定的動向或動能時，就會持續運轉下去。

　　在過去三十年來，有發生過足以改變這個基本論點的事嗎？當然有。三十年以來，市場改變很多，但機會的轉變也同樣改變一切。如今我們有機會進入多種市場做交易，這也是三十年前不可能辦得到的。

　　多元化投資機會當然是好，但前提是我們已經設立好規則來管控自己的決定，只是大部分的人都沒做到他們應該要做的事。福雷斯特直言不諱：「所有交易必須簡化為二：一是規則，二是資金管理，沒別的了。兩者是邏輯歸納而來的規則，除非有好的理由，否則我們不應該輕易改變。」

　　簡單來說，福雷斯特認為成功的順勢交易策略在於：你可以相信某個人所提出的規則，並整理成自己的規則；或者你相信某個人所提出的一些規則，你可以稍微修改那些規則，然後變成你自己的規則。可是大部分的人都不願意花時間這麼做。這時候你應該要覺得開心，因為這代表令人振奮的機會將到來。既然大家不願意花時間或者做不到，或找一些理由推拒，那麼賺錢機會的大門將為你敞開。

　　此外，順勢交易策略是一輛雲霄飛車。當雲霄飛車俯衝時，想要坐得穩，就得有足夠的資金。

在市場混亂之際找出其他辦法太容易了，但機會不會站在老是改變規則的人這邊，我沒騙你。

人不可能全知或預知

戴維斯從不覺得自己一開始就對所有事瞭若指掌。身為一位醫生，他不只聰明絕頂，還很勤奮努力，不過他真正屬害的地方在於能運用科學精神來看待買賣交易。經過縝密研究之後，他更堅信順勢交易就是要按計畫進行，否則一切都甭談了。他只要這麼做，總是能賺取獲利。

機械化的交易方式有個好處，就是這種方式不會花交易者太多時間。做研究要花時間，但實際交易不會。只要有規則，我們就可以依循，也就不會偏離規則。

幾乎所有追隨市場的人都知道，一旦趨勢開始動起來，尤其是當趨勢向上攀升時，他們必然會做出反應。最後走勢將變得過熱，然後停止，並朝反方向發展。不了解市場，就是不了解人性，而戴維斯很早便領悟到這點。

看新聞、讀財經雜誌、聽總統發言，都不能使我們在市場上賺錢。戴維斯坦言：「解讀事情發生的原因是賺不到錢的，猜測未來會發生什麼事也賺不到錢。你不知道將來會發生什麼事，將來能讓你賺到錢的，都是那些你沒想

到會發生的事。」

很多財經名嘴為了上節目把故事說得有趣，所以總是會說：「因為這樣或那樣，所以將來會發生某某情況。」然而市場價格早已反映出那些人人皆知的資訊了。

大部分的交易者以及某些人都以為，將來會發生好的結果或獲得豐厚利潤都是因為自己很聰明，然而那可能只是單純可經由基礎推理而得來的結果。只依憑自己的聰明才智，等於參與了一場危險賭局，而且在這賭局中，你會相信自己的片面之詞：「如果我可以從中賺一筆，那麼這就是個好點子。要是我賺不到錢，那就是壞點子！」

交易，是件誰都說不準的事。有太多贏面十足的交易，最後卻沒賺得富貴滿盈，而且就算賠錢，也不表示一開始的想法是錯的，亦不表示那是一筆錯誤交易。

戴維斯喜歡拿運動來比喻：「想像自己是一位橄欖球教練。現在已經是第四節的進攻，你有85％的機率可以獲得第一檔進攻並結束比賽，或者選擇棄踢，把球踢遠給敵隊，那麼你還有70％的機率可以獲勝。人們將以你是否取得第一檔進攻來評價你的執教能力，而不是你能不能正確衡量勝算。要是你沒有取得第一檔進攻機會，許多人會說你的決定太離譜。只要你能獲得第一檔進攻機會，他們就會說：『你很有膽識。』」

但這其實是錯誤的想法。你得要試著評估勝算，「如

果我這麼做，勝算是多少？」目前局面是贏還是輸的成分比較大？

　　所以靠基本面做交易，不可能把投資做好。

賺大錢也需要練習

　　我知道你希望投資有贏無賠，但我告訴你實話，那是不可能的。

　　你無法想像帳戶金額多少有些波動嗎？那只有都不做交易才有可能！如果打算進行交易，並希望有機會能賺大錢，那麼就可能會遇到帳戶數字大幅蒸發的時候。意思是如果你想把資產從 100 元翻倍成 200 元，那麼在你擁有 200 元之前，也許曾經手頭只剩 60 元的財產，這就是人生。但你會問，難道一定要經歷這些漲跌嗎？不，事實上當昇陽資本合夥管理公司在為客戶進行交易時，他們的目標是少一些獲利、少一些虧損。虧損指的是帳戶在賠錢期間所損失的時間和金錢。這些都是選擇的問題。

　　那些撰寫有關基本面分析、經常上財經節目分享走勢預測，還有認為你絕對不可能成為下一個戴維斯、福雷斯特或史勞特，把他們在這三十年來的好成績統統忽視的專家們都錯了。

他們肆意抨擊那些鐵錚錚的事實，在我看來都不過是狂妄無知的行為。正當那些追逐趨勢的人不斷創造財富的同時，那些專家的恐懼和擔憂也在不斷增強。

可是，有一些學者認為在市場上可以採取一種系統化方式。就像順勢交易者已經懂得如何操作，他們也在學習可以賺錢，又能降低整體投資組合風險的策略。從長遠角度來看，我們可以採取任何合理的系統化方法、追蹤多個市場來累積財富。但不能因此鬆懈，你還是需要不斷努力。

人人都希望有賺大錢的方法。方法是有，但必須加以練習才能實現，就像學彈鋼琴一樣。大部分的人都不願意坐下來、找一位好老師，並且好好地練習。成功的順勢交易與學習彈奏樂器的道理非常相似，甚至二者之間沒什麼不同。人們希望賺大錢，但沒有人會平白拿錢給你，所以你必須努力做些什麼來賺錢。

這就是昇陽資本合夥管理公司所堅持的核心理念。昇陽資本合夥管理公司是一家奉行系統化順勢交易的公司，這也是他們能歷久不衰的原因。他們的成功故事，足以鼓舞我們。

Chapter 2

有贏家，就有輸家

逆向操作，
成為零和賽局最終勝者

大衛・德魯茲
David Druz

大衛‧德魯茲是一位擁有超過三十年經驗的順勢交易者。跟本書許多人一樣,他起初並沒有豐厚家產。當我向他請益時,他特地確保我明白他最重要的致富見解,也是他能變得富有的唯一關鍵:人生本來就不公平,每個人都不是贏家。事實上市場裡只有贏家和輸家。德魯茲認為,有絕對多數的證據顯示,你贏了就表示有個人輸給你。這話聽起來有些尖銳,但請先別急著評斷,我的故事還沒說完。

想像你有一位好友名叫查理,是大你兩屆的大學學長。現在是七〇年代,你現在還在伊利諾大學的厄巴納─香檳分校念書,而你的好兄弟查理剛開始用 2000 美元做交易,一年後他的資金已經成長到 50 萬美元。毋庸置疑,查理的表現相當出色,可他是如何辦到的呢?

畢業後的查理每個周末都會回校探望女友。他身上總會帶著一疊鈔票,許多尚不得志的兄弟們特別期待周末來臨,因為查理會在大學酒吧請他們喝酒。難道除了關心他到底付了多少啤酒錢之外,就沒人想知道查理是如何賺大錢的嗎?

德魯茲正是那位富有好奇心的人。他纏著查理追問答案,最後還透過查理找到第一份工作。放暑假時,德魯茲就在芝加哥期貨交易所(現在的芝加哥商品交易所)上班。在證券經紀商的研究部門上班很單調乏味,每天都有

很多文書工作，而且這份工作其實一點都無法讓他賺到
錢。

市場沒有周期

　　德魯茲在大學主修電腦程式設計，所以只要一有空
檔就會在交易所測試他的程式設計點子。他運用習得的技
巧，測試他的交易心法，也就是「如果總是一邊買入某商
品，一邊賣出另一件商品，會發生什麼情況？」不久後，
每到放暑假期間，他便開始設計他的第一個順勢交易模型
（他稱之為交易系統）。

　　他喜歡活在自己的世界裡，他很高興自己還不太了解
所有事。他對股市的了解，都是那些芝加哥交易員告訴他
的。當時流行「大循環」（the big cycle）的說法，人人
都在談論為期四周、六個月等期間的周期性循環。神奇的
是，四十年後的今天，依舊有人在財經頻道和網路聊天室
裡說著一模一樣的胡話。

　　德魯茲很快就明白市場沒有所謂的周期存在，那些新
聞和預測都不過是胡扯瞎說罷了。儘管德魯茲已經知道沒
有固定周期，但他也不會去預測未來。每當他聽到有人宣
稱一件事就要發生，他的回答都是：「我會去查驗，看看

是真是假。」他就這樣一邊測試交易系統，一邊累積交易經驗。

「測試交易」的意思是按照規則來買入標的，以及按照規則賣出標的。一旦建立規則，就要帶入市場價格：蘋果股價、銀價、油價或金價（不管哪種標的，市場價格最大！），然後測試看看買賣規則能不能替自己賺錢。

雖然德魯茲很喜歡在股市打滾的工作，但他隨後便進入醫學院以開闢另一條出路。不過他在放假時還是會回到證券公司工作。學醫是他的興趣，可是他又對市場十分著迷。

他賠過很多錢嗎？沒有，他唯一賠掉的 5000 美元是爸爸給他的資金。德魯茲兌現這筆錢，並存入自己的帳戶。同時間，芝加哥期貨交易所提供他一份全職工作，希望他能從醫學院休學去替他們工作。該公司開給德魯茲的起薪是 5 萬美元，在七〇年代這是相當不錯的待遇。

當時有位已經喝得微醺的朋友跟他說：「大衛，別接受那份工作。你可以成為一位優秀的操盤手，但要是你答應去做那份工作，你永遠也不會成為一位出色的操盤手。安全起見，你得為自己準備另一條路。怕輸的人做不成好交易。所以念完醫學院，去當一名醫生，然後你會成為一位出色的操盤手。」

你覺得有道理嗎？也許這聽起來好像不太合理，但

這段話卻是德魯茲聽過最睿智的建言。多年來，他見過太多人帶著恐懼心態在做交易——意思是那些人是依據一筆錢對他們的價值來做決策（也就是他們是依心情來決定要不要買新車、新西裝，或者結婚），**而非確實按照規則去執行交易計畫**。另一條重要的建言是：**不要辭掉正職工作**——把這句話寫下來，然後貼在你的桌子上。

德魯茲帶著這筆 5000 美元資金進入股市。一開始的情況不太順利，他的帳戶金額一度只剩下 1500 美元左右。那時的他正處於谷底，獲利機會已遙不可及。

後來他收到券商的訊息：「你有一筆訂單成交了。」德魯茲說：「我沒有掛單交易啊，我已經賠光了。」券商回答道：「不，你有一張『取消前有效』（Good-Till-Cancelled Order，GTC，被設定為無限期或直到被客戶取消前皆有效的掛單）委託，現在這支股票『漲停』了。」德魯茲又復活了！這個世界似乎不允許他放棄，而他對這點也深信不疑。

我們有時也會想著「要是我還有一次機會的話」，但當下一次機會來臨時，我們必須願意重返賽局，讓比賽繼續進行下去——不再去想先前的負面經歷。第二次的機會會透露一些事給你，所以不妨注意聽一聽。

要不要來當我的徒弟？

經過一段時間後，其他同院醫生發現他的投資績效很不錯，也希望德魯茲能幫他們交易，於是他便在 1981 年獲得第一筆趨勢跟蹤資金。

然而繁重的急診室班表使德魯茲忙得不可開交，連好好地睡一覺都很困難！此時他可以選擇另一條路。他熱愛市場交易，也認為自己會長期待在市場上，於是在 1991 年，已經營了九年的私人診所終於畫下句點。

即便非科班出身的德魯茲投資成果豐碩，他仍希望接受指導。他讀了《金融怪傑》一書，知名操盤手愛德・賽可達正是他心中想求教的對象。更巧的是，賽可達的名聲正來自他在七〇年代指導過多位成功的順勢交易者。

《金融怪傑》書中提到賽可達就住在太浩湖附近。有一天，德魯茲正好在太浩湖附近，他停在便利商店翻閱當地電話簿，發現賽可達家的電話就列在上面，於是德魯茲抄下電話，接著便搭飛機回家了。

他鼓起勇氣打給對方，賽可達接起那通電話。他們聊了一些關於交易的話題，賽可達便接著說：「要不要把你的交易資料寄一些給我看看，我們一個禮拜後再繼續這個話題如何？」

德魯茲掛上電話後，便馬上開始製作圖表。他寫下進

行哪幾筆交易、何時退場，以及初始停損點是多少，然後用快遞把資料郵寄給賽可達。

一周後德魯茲致電給賽可達，但賽可達卻已經不記得他們的約定了。賽可達說：「有很多人找我聊關於交易的事。」德魯茲說：「你有說過請我把所有交易資料寄給你之後再打電話來！」

德魯茲沮喪地接著說：「愛德，可以請你看看桌上，有沒有一封快遞呢？」「噢，在這裡！」「你打開來看了嗎？」「還沒有。」「那請你打開來看看吧。」德魯茲很難過，因為他連續熬夜兩晚才做完所有統計表。賽可達終於開始閱讀那些統計資料，他說：「嗯，真有趣。我可以理解你正在做的事。你的交易方式跟我非常相近，但有些地方可以更好。你要不要來當我的徒弟？」

這段故事，讓我不禁想起《星際大戰》的經典一幕，當絕地大師尤達在訓練路克天行者時，尤達大師說：「要嘛做，要嘛不做，沒有『試試看』這種事。」

德魯茲是賽可達正式接納的首位徒弟。

那是他最不凡的人生經歷，就好比修禪一樣，在德魯茲眼中，賽可達的交易之道可說天賦異稟，聰明已經不足以用來形容他，他就像愛因斯坦或莫札特。由於我也曾與賽可達相處過一段時間，所以非常能理解德魯茲的感受。

賽可達可以看穿一個人，任何防禦機制都會失效。

大部分的人會用所謂的防禦機制保護自己，但在賽可達面前，算了吧，我們就好比赤裸裸地敞開內心給他看，所以在一開始德魯茲也覺得難以招架。不過與賽可達的交流經驗帶給德魯茲信心。

你也曾經主動找人幫忙過嗎？即便你已經做得很不錯，也想要找一位導師來指導你？

學習是永無止盡的。追尋新的見解，特別是透過他人而獲得的深刻體悟，才能成為真正成功的順勢交易者。

獲利的來源

日積月累下來的順勢交易，絕非屬於好運。如果那些都是巧合，那些交易者例如德魯茲，就不會替他們的客戶操盤了。

德魯茲認為成為一位順勢交易者比較有優勢的理由，可以追溯到他早期在券商工作所獲得的交易常識。順勢交易者會試著從避險者（hedgers）手中賺取風險溢價。這話是什麼意思？

避險者是市場的參與者，他們的持倉通常是為了抵銷一些相反倉位的風險，進而把不樂見的風險降至最低水平。而投機者（也就是順勢交易者）會接下避險者的風險。

投機者願意承擔期貨市場風險，當避險者在保護自己的倉位時，他們便從價格的起伏中獲取報酬。

買賣期貨的避險者會面臨移轉的風險。對於反向的價格變動，避險者可以獲得保險。期貨是什麼？期貨是一種契約化協議，此協議通常在期貨交易所的交易廳完成協議，目的是在指定的某個未來時間，買賣某一特定商品或金融工具。期貨合約會載明標的資產的品質與數量；為了促進未來的標的物交易，我們需要制定標準化合約內容。在美國，負責監管期貨交易的機構是商品期貨交易委員會（CFTC）。有些期貨合約會規定要實際運送資產，而有些期貨合約是以現金交割。「期貨合約」與「期貨」二詞，實質上都是指同一件事。

從長遠來看，避險者是期貨市場的淨虧損者，而德魯茲的順勢交易策略，就是基於捕捉這筆風險溢價。

他的想法是：買強（買高，不買低）賣弱（當價格下跌時做空），正好與對沖套利的行為相反。平均而言，順勢交易的獲利頻率較低，但獲利的金額會比較大。有利可圖的交易，都是發生在價格比預期強勢或弱勢之時——也就是有大趨勢形成的時候。

總而言之，你可以判斷這時候的避險者是由多轉空，還是由空轉多。他們往往會站在與大趨勢相反的位置，主要是因為他們是藉由市場來保護自己，所以行為與投機者

不一樣。德魯茲認為「這完全有道理」，他也發現自己真正的交易機會在於利用他們的虧損部位。

避險者的工作是轉嫁風險以及鎖住公司的獲利。他們不是為了在市場中賺錢，而是利用市場來增進公司的運作效益。

期貨市場是零和賽局（每位贏家都有一位輸家），永遠別忘了這個事實。你想贏，就表示某個人得輸給你。令人驚訝的是，許多人從未想過這一點。

然而，如果你的交易計畫與避險者相反，如果你做好資金管理（意思是不會每筆交易都孤注一擲）而且分散投資（超過一個市場），那麼從長遠來看，你可以獲得數學上的優勢。堅持一致的策略，然後讓時間來幫你賺大錢。

德魯茲的交易行為與避險者相反，使他自然而然地成為一位順勢交易者。而且，他的交易系統也與專門為了捕捉趨勢而設計的交易系統不同（放在本書的其他章節來看，德魯茲的交易系統也是成功的交易方法）。

保持簡單，從小錢開始賺

一定要成立一家大公司，才能成為一位順勢交易者嗎？或者一定得成立一家公司嗎？遺憾的是，有許多人認

為一定要招募多位取得博士學位的研究員，或者在倫敦、
紐約等金融之都設立一家大公司才會成功。我告訴你，絕
非如此。德魯茲向我們證明，不需要大筆的經常性費用也
能取得可觀獲利。

　　就拿賽可達為例，德魯茲注意到賽可達即便沒有員
工，光靠他個人也能打趴對手。他就只靠自己而已。

　　如果你要做非常短期的交易，或者交易涉及的知識特
別艱深（需要博士級人才給予意見），那當然不能相提並
論。在這些情況下，你也許需要由一群有博士學位的團隊
來制定交易策略，不過我們在這裡並沒有要討論那些策略。

向大師學習

　　設計自己的交易系統，乍聽似乎很複雜。

　　如果你的交易系統能利用長期趨勢，接下來只需適
當搭配投資組合與資金管理策略（格外重要！）就好。
而且長期交易下來你會驚訝地發現，你所選擇的系統或
者其參數已經不再那麼關鍵了。有些交易系統績效確實
會比較好，篩選系統中變數的特定集群也會影響交易系
統的績效。

　　但真正重要的是：一旦建立了系統的算法和參數，
我們就要確實、認真地按照系統做交易。不要揣測系

統，也不要三天打魚、兩天曬網。變數的數值不能改動，參數不能任意變更。在各種市場及時間條件下，穩健的系統都能發揮功效。我們可用它來買賣德國國債期貨，也能用來買賣小麥。它在 1950 年至 1960 年期間通過測試，在 1990 年至 2000 年之間也有效。比起針對特定的市場類型或市場行為的系統，穩健的系統往往是以成功的交易策略為基礎而設計的。還有一項關於穩健系統的神奇之處：系統越穩固，波動幅度就越大！

　　德魯茲建議：「不管是哪種順勢交易的想法，似乎在每個市場上都永遠有效。順勢交易的缺點是波動幅度大，因為它們永遠不會貼合曲線。它們永遠不會完全符合某個特定市場或某一項特定的市場條件。但是長久下來，它們卻能在這個市場上賺到錢。我們要注意自己如何分散投資組合中的風險、在每個市場承擔多少風險、在每個市場買賣多少筆交易，那些才是最重要的事。如果能搭配資金管理，當我們知道波動幅度不會導致破產，我們可以不必理會幅度，還可以利用幅度來發揮優勢。」

認真選擇自己的投資組合

　　順勢交易策略不是火箭科學，人人都做得到，只是需要把注意力放在一個超出想像的領域。在順勢交易中，有一項經常被忽略卻格外重要的成分，就是**投資組合的選擇與權重**。讓我們看一看最近的市場，近年來最令人嘖嘖稱奇的市場之一就是棉花。

　　假設你現在擁有的是由單一市場組成的投資組合，而且恰好選擇棉花市場，那麼無論選擇哪一種順勢交易系統都是有利可圖的。再來，假設你選擇的是可可市場，無論用哪一種順勢交易系統都不會賺錢。成功獲利，完全取決於你選擇的市場。

　　這些年來有許多系統交易者找上德魯茲，他們將交易紀錄寄給他，並且告訴他：「這是我的交易系統，能不能給我一些建議？」他會熱心查看他們所在的市場，並馬上問他們有沒有考慮投資組合的選擇。

　　很多人完全忽略選擇投資組合的重要性。我們需要制定規則，來將投資組合從可投資市場，縮小到自己有能力管理的範圍之內。

　　選擇投資組合究竟是為了什麼？人們普遍認為，最好要平均投資每一個市場。這是不對的想法。德魯茲就是從賽可達身上學到這一課。

賽可達曾買賣過德國國債。德魯茲知道賽可達決定增加德國國債部位，他說：「你已經有買德國國債了。」賽可達一臉平靜地看著德魯茲並說：「是啊。」德魯茲接著說：「你可以分散風險。你不會想要集中風險吧？」賽可達坦率又不失睿智地回答：「德國國債市場，是現在最好的市場。」

德魯茲說：「我覺得我們應該分散風險，買進美國公債才對。」賽可達不明白他的邏輯。賽可達認為德國國債是當時的最佳選擇，所以接著解釋為什麼他會持續買入德國國債，而非美國公債。

這不是要你把所有雞蛋都放在同一個籃子裡，而是我們不需要等量地投資每一個市場。賽可達這個簡單明瞭的智慧，從此令德魯茲茅塞頓開！

在這個崇尚買低的世界中，別忘了還有一群順勢交易者的存在，他們會等到價格高到讓人覺得瘋子才會繼續買進時，再進入市場交易。這種思維模式與華爾街百年來的買賣格言，可說南轅北轍，但也正因為德魯茲秉持這種心態，使他大賺一筆財富，還能舒服地在位於夏威夷的家中欣賞太平洋海景。

就算沒有一群博士助陣，你也可以按照順勢交易的規則去買賣。別放棄，也不要因為自己沒有所謂的背景或學歷、沒有一大群員工，就認為自己沒辦法成為贏家。

　　德魯茲的經驗告訴我們，默默無名也無所謂，靠自己也能成為大贏家。德魯茲本身，就是鐵證。

　　我們的目標是在賽局裡持續賺錢。想要實現這個目標，最好的辦法就是讓自己難以被淘汰。

Chapter 3

刀鋒上的舞者

無畏虧損，
締造超額報酬傳奇

保羅・穆瓦尼
Paul Mulvaney

保羅・穆瓦尼希望這一生能賺到最多的錢。到目前為止，他已經朝著正確的方向前進。穆瓦尼以身為一位順勢交易者而聞名，並且曾在 2008 年創造獲利超過 100%的好成績，不過我敢打賭在接下來的幾年，他的交易還是年獲利逾 100%。他的見解對那些依然懷抱致富夢想的讀者特別有幫助——而不是為了讓那些退休後便住在退休社區的讀者，能有機會每月賺進幾千美元（《歡樂單身派對》的影迷會懂我的意思）。

以棒球比賽來比喻好了。我們買門票進場，就是為了看球員轟全壘打。每個棒球迷都想在外野上層看台上，直擊重砲手朝著他們轟出一發 500 英呎的全壘打。即便你對棒球規則一竅不通，當看著球直射湛藍天空，那畫面肯定也會令你不禁讚嘆。

交易，跟棒球比賽沒什麼不同。

我們都想盡可能地賺最多的錢，儘管有些人害怕承認這點，但那就是我們想要的。可是在現今的文化中，累積財富偏偏是件令人感到不快的事，尤其當你的財富漸漸超越你的鄰居。

穆瓦尼並沒有因而卻步。就在 2008 年 9 月和 10 月，正當雷曼兄弟破產事件震驚全球之際，他的交易報酬率分別達到 11.6%和 45.5%。若形容這只是轟出一發全壘打，也未免太輕描淡寫，這可是達成一次值得名列史冊的財富

創造紀錄。

他是順勢交易者嗎？是。穆瓦尼的勝率，翻轉了大眾的認知。

依據傳統交易圖表與趨勢而設計的**數學模型**，在 2008 年都不管用了。他在該年的全年報酬率，超過百分之百。這個成績也許會讓某些人感到有些不快，但他到底是怎麼辦到的？

數字狂人

在七〇年代後期，年僅十幾歲的穆瓦尼已經開始寫電腦程式。

早年編寫電腦程式的經驗，幫助他的系統化思維養成，以利於他運用在大學及職場上。他的第一份工作，是在美林證券進行深度趨勢交易研究。後來他離開美林開始獨自操作時，他基本上已經發展出一套順勢交易系統，而且到現在也還在使用這套系統。

他獨立門戶的出發點是：「其他順勢交易者都非常成功，那我也辦得到。」他深入研究那些前輩，以驗證他們的成功之道與交易技巧。他交叉檢驗自己的想法以及前輩的做法，從中學習，好讓自己有機會超越他們的績效。

　　穆瓦尼盡力找出每一筆成功的順勢交易紀錄，但都只是片段資料，因為當時沒有太多關於順勢交易的細節。

　　後來他利用程式設計背景，開始編寫交易模擬程式。他已經是程式設計的老手了，天生注定靠這吃飯。

　　簡單設計及檢驗趨勢跟蹤模型，對他而言並不困難。透過模型，他確定那些跟蹤大趨勢的公司，就長期來看都有獲利空間，而且他們也正在使用差不多的順勢交易策略，他的交易風格就此確立。

　　發現通道突破，已經成為無數創新故事中的一環。穆瓦尼的故事也一樣。

　　他會在預設停損點時退場，一點也不感情用事。他不讓個人情緒影響交易系統（就算發生令人震驚的事件，例如日本大地震）。

　　他的進場策略總是那麼簡單（也可以理解成：突破）。我們應該花最多時間在未雨綢繆。我們應該算一算每筆交易中，自己願意承擔的金額是多少、報酬率高到多少時要出場，那些才是最重要的。

　　我很快就從穆瓦尼身上發現其他關鍵原則及教訓。這些重點都跟某個線性次序無關。只要好好吸收以下重點，就能得到解謎之鑰：

　　• **別怕在更小又鮮為人知的市場做交易。**交易柳橙

汁？如果有市場，當然就有交易空間，而你可以在那個市場賺大錢。

- **懷有每次出棒就要打全壘打的拚勁**，我們要勤奮地賺每一波趨勢的錢，但每一筆交易都要設定停損點，這樣才知道自己能忍受的虧損金額是多少。如果一筆交易一開始就朝著你預期的方向走，那麼只有當它的趨勢逆向時，你才要退場。不要預測一股趨勢能持續走多久，我們永遠不可能知道，我們只有選擇退場。我們知道的是，當市場趨勢開始移動時，推動趨勢的力量是我們無從理解的。所以也就別問「為什麼」了。

- **目標是在價格上漲或下跌的市場中，獲得超額報酬**。在所有市場中，透過在多個市場做多或放空倉位，來創造收益。

- **市場的走向不會是直線移動**，會有價格震盪和波動的期間。我們必須處理那些造成動盪又無法避免的事件。儘管價格波動很大，但還是有很多交易系統長期下來已經產生巨額報酬。穆瓦尼認為：「我們絕對有理由，相信聖誕老公公是存在的。」

- **順勢交易法的通用性要非常高**。如果其效果要能持續，表示我們不能依照某種特殊的市場特性來設計。順勢交易的穩健性與波動性相輔相成，能

夠承受衝擊以及保持強勁，是身為交易者可持續
茁壯和生存的部分原因。

- 儘管鐵證如山，遺憾的是還是有很多人認為自己難
以相信順勢交易會有內在報酬（inherent return），
他們總是說順勢交易就是靠運氣。我們必須**堅持
跟蹤趨勢**，因為跟蹤趨勢的絕對獲利率更好。就
算你的朋友、券商或教授不能理解，沒關係，他
們不懂，你也不能期望他們會懂，除非他們跟你
採取相同交易方式。

- 儘管憑著基本面去做交易吧，不妨去賠掉一筆為數
不少的錢吧，但為全世界所有市場累積一套全面
性的經濟數據是不可能的。**比起關注應該要發生
的事，更重要的是現在正在發生的事**。趨勢跟蹤，
就是關注正在發生的事，這是非常務實的策略。
永遠銘記經濟學家凱因斯的名言：「市場的走勢
可以一直不理性，直到你的資金周轉不靈，瀕臨
破產。」

- **沒有完美無缺的交易系統**。就像要說某場高爾夫球
賽或網球賽是完美比賽一樣，我們只能用比賽來做
比較，畢竟這沒有絕對答案。有交易者為了獲得高
報酬而交易，也有交易者為獲得穩健報酬而交易。
什麼樣的交易策略比較好，這需要你來決定。

- 應該依短期趨勢進行交易嗎？順勢交易者一定會依**長期趨勢**——可延續一年以上的走勢來進行交易。長期交易，是為了避開市場中固有的短期隨機。

- **不要套利**。這是什麼意思？如果市場走勢向上，不要因為覺得賺夠了就獲利了結，唯有遇到停損點時才退場。理論上，獲利了結會阻礙交易的上漲潛力，而你所做的每一筆交易，都擁有無限的上漲空間。

- 如果你已經有一套交易系統，而且會定期覆寫，那麼你的做法實際上與順勢交易者相反。在過去三十年，所有順勢交易者已經**累積大量珍貴的統計研究資料**。

- 身為一位交易者，我們總希望自己能倖免於難，**但要做到完全零虧損是不可能的**。事實上比起價格的震盪，你應該要擔心的是那些保證你每月都能賺錢的交易。那種保證獲利的交易策略，總有一天會讓你一早醒來就發現自己破產了。

- **堅持按照自己的系統去交易**，比交易系統的內容更重要。你的系統使你能對抗這個世界，不要浪費時間在聊天室裡向你的朋友討同情。

- 穆瓦尼的順勢交易法在 54％ 到 55％ 的日子中都

能獲利，但以交易筆數而言，獲利的交易只占25％。顯然那25％的交易，比其他75％的虧錢交易更有**獲利空間**。許多交易者要花很多時間來消化這些**數字**，但只要他們探究得更深，就會發現獲利空間。

不做預測

如果把電視頻道轉到財經節目，你會看到那些財經專家們滔滔不絕地預測未來趨勢。那些預測不可能全部成真吧？但我們真的不可能預測未來嗎？計量經濟研究學家一直在嘗試預測未來十幾年市場的走向，但他們一次又一次地失敗。他們有沒有因此得出結論，認為嘗試預測未來是愚蠢行為？沒有，我不這麼認為，他們永遠不會停止預測。

順勢交易策略採取的是截然不同的哲理，這個策略是建構在「驚喜事件」之上，而非預測。如果你把出乎意料的事件規畫進自己的交易策略中，當你一開始就知道預測是愚蠢行為，那麼坐下來欣賞市場的走勢，自然就容易多了。

當然，這也意味著我們要捨棄效率市場假說。市場顯

然沒有效率，所以順勢交易者只要使用相當簡單的趨勢跟蹤規則，就足以獲利幾十年了，而且他們也確實已經賺到大筆財富。

如果在足夠長的時間之內，有許多使用大致相似的趨勢跟蹤技術的交易者而贏得獲利，那就足以說明兩件事：一，市場是沒有效率的；二，明智的投資人和交易者必須趁機利用趨勢。

我在第一本書《趨勢交易正典》中，介紹了多位頂尖順勢交易者，他們是美國職棒大聯盟波士頓紅襪隊老闆約翰・亨利（John W. Henry）、鄧恩資本管理公司（Dunn Capital Management, Inc.）、坎貝爾投資管理公司（Campbell and Company），以及密爾本・里奇菲爾德資產管理公司（Millburn Ridgefield），穆瓦尼都有受到這些順勢交易前輩的影響。

也許他曾經查過他們的資料、查驗他們的成功紀錄並從中獲得靈感。無庸置疑的是，他們都影響了穆瓦尼，從而使他也成為一位成功的順勢交易者。

不過穆瓦尼不認為自己是順勢交易策略的先驅者，因為並不存在最尖端的順勢交易法。他承認自己的系統挺老派的，所以我們也應該以同樣角度看待順勢交易。以下是他遵循的一些大原則：

- **價格會隨機變動**，那正是價格的特質。這是否意味著如果有人問你在哪個市場交易，你就可以看著他們說：「噢，我也不清楚，我不知道自己在投資什麼樣的市場，那不過是一個數字而已。」沒錯，你是可以這麼說！

- **不需了解基本面**。只要客觀且理性地挖掘數據，從中找出獲利之途。嘿，這是一場名為「風險」的棋盤遊戲，而數字就是棋子。

- 準備好在**市場價格下跌到預設停損點之前，我們都會冒著一定比例的風險**。如果你在同一時間持有多個部位，每天、每周或每月的未實現損益金額，可能出現大幅震盪。突然失去一切的機率不是沒有，但不入虎穴，焉得虎子。

- 與德魯茲不同，穆瓦尼**將其他投機者視為獲利來源**。不妨參考他在 2008 年 9 月和 10 月的紀錄，他的獲利大部分來自股指期貨的短倉交易。當時有誰在做多股指期貨？正是那群投機者。

穆瓦尼願意涉險賺取巨額報酬，如果換作是我們，該怎麼做呢？不妨參考他這幾年來獲利前十高的交易紀錄（見右頁圖 3－1）。

你會發現不要錯過任何交易，有多麼關鍵。從大趨勢

賺來的獲利，會帶給你美好的一年。

圖 3 － 1：穆瓦尼資本公司自創立以來獲利前十高交易紀錄

類別	操作方式	開始時間	結束時間	收益率(%)
利率	做多	2000 年11 月	2003 年 5 月	66.57
貨幣	做多	2000 年 2 月	2005 年11 月	50.47
銅	做多	2003 年 9 月	2006 年 5 月	44.64
石油	做多	1999 年 6 月	2000 年10 月	29.18
穀物	做多	2007 年 5 月	2008 年 2 月	28.34
股票	做多	2005 年 5 月	2007 年 2 月	26.63
股票	做空	2008 年 9 月	2009 年 3 月	25.31
貴金屬	做多	2005 年11 月	2006 年 4 月	23.08
天然氣	做多	2000 年 3 月	2000 年12 月	21.05
股票	做空	2000 年 9 月	2003 年 3 月	16.06

資料來源：**www.mulvaneycapital.com**。

堅持下去

　　我從沒說過做交易很容易。畢竟，人生有多少好事是不多磨的？但要是你能不畏風雨堅持到底，並且充分運用

你的交易策略，就有機會獲得真正的自由——不必聽從理財顧問蘇西·歐曼（Suze Orman）或戴夫·拉姆西（Dave Ramsey）的建議，他們都曾教人如何減少卡債，或者如何拿房屋融資（順帶一提，百萬富翁會認同他們的建議嗎？會）。

也就是說，當人們在錯誤的時間放棄自己的交易系統，就會發生恐怖的事。人們總會說：「早知道我就再堅持下去！」但他們並沒有堅持下去，有些人在決定放棄他們的長期做法之後，他們的職涯也跟著結束了。我們已經決定成為順勢交易者，而紀律是至關重要的因素。

讓我舉一個關於堅持的例子。穆瓦尼曾經在 2007 年 7 月至 8 月期間遭遇一場最大的危機，那是他接連兩個月跌幅最大的時候，總共跌了 42％。後來他回頭檢查一遍，檢查每個可能的失誤，思考每一種假設情況，但是他最後得到的結論是：系統是有效的。在他事後進行的檢測之中，其中一項是以各種不同的槓桿程度，重新計算自己的交易結果。穆瓦尼很懂得管理自己的槓桿程度——儘管他運用許多槓桿工具。可是，穆瓦尼會客觀地問自己，要是他以高於或低於實際使用的槓桿程度來交易，會發生什麼情況？他發現如果用的槓桿越低，可能會導致更大的跌幅（也就是更高的虧損）。

好像憑直覺就可以知道，對吧？我們先不急著下定

論。

當他的帳戶在 2007 年 8 月因下跌 42%而觸底的時候，一個新的黃金部位終於露出曙光，並且開始賺錢。到了 8 月底，他的帳戶數字已經由綠翻紅。理論上如果他用的槓桿越低，那些開始賺錢的黃金部位只會讓他獲得更少的報酬，而且實際上他的系統可能會讓他承受稍微嚴重的跌幅。

你還可以從 2007 年學到什麼有用的教訓嗎？我必須說，如果你還不了解 2007 年為什麼與 2011 年以及之後的年度有關聯，那麼你仍然不了解什麼是順勢交易。

那年，穆瓦尼成績最亮眼的市場是加拿大幣，成績最差的市場是澳幣。如果我們可以把那些圖表釘在牆上看，會發現從表面看來，加幣和澳幣市場的關聯性很高（兩者價格同時出現「之」字形走向）。事實上，加幣與澳幣的走勢在大多時候都呈現合理關聯性，只是澳幣的波動幅度太大了，以致難以獲利。從順勢交易的角度來看，澳幣持續走跌於是賣出，後來回升又重新買回。這種情況一直反覆發生，而且每次交易都產生小額虧損。於是我們學會要檢查事實，不能自以為是。

靠數字來替你賺錢。一切都必須客觀看待。只有長期失敗者，才會做主觀分析。

風險與波動

　　許多人認為，風險等於波動性。他們認為高收益的順勢交易系統（比如穆瓦尼的交易系統）所產生的高報酬，會帶來比現實情況還要高很多的風險。事實上，接受順勢交易投資所產生的較高風險，反而能降低股票和債券投資組合的風險，其原因在於當趨勢出現「之」字形走勢時，你對股票和債券的投資也會呈「之」字型。不過，一般人很難接受這個概念。

　　破產風險（又或者是承擔過多風險，導致你沒有錢了）必須是你的底線。比方說，只會在帳戶金額下跌至無法運用交易策略時，穆瓦尼才能停用他的交易系統。所以，當他要用系統進行交易，可是實際上已經無法在所有市場做交易時，就是破產風險浮現的時候。

　　在你還可以持續交易時，要對自己系統的價值深信不疑，直到一毛不剩。

　　我們一定要抱持這個贏家信念。這個信念的內涵是，如果我們可以避免破產，就應該持續運用自己的順勢交易系統來交易。這是賺錢的唯一途徑，除非你可以找到另一家 Facebook，然後大筆投資。

向大師學習

　　想了解更多關於穆瓦尼的想法的讀者，可參考以下我專訪穆瓦尼的部分內容。

卡威爾：關於你提到的最終財富（terminal wealth），究竟指的是什麼？比爾‧鄧恩（Bill Dunn）已經快要八十歲了，而他顯然還沒停止對高報酬的追求。順勢交易大師理查‧董詮即使年屆九十也還在交易。你覺得你未來會改變自己的交易心態嗎？有可能哪天你將不再對超額報酬那麼渴望，還是你會說：「你知道嗎？我已經四十六歲，但我還是保有熱情做我想做的事。我正努力敲出這一生中最完美的一支全壘打。」

穆瓦尼：沒錯，我會繼續試著敲出全壘打。如果為了敲出那支全壘打而讓我損失所有，那也沒關係。我會說：「好吧，至少我曾經締造不錯的成績。」我曾經兩次在十二個月內，讓交易報酬率超過百分之百。假如我往後過度交易，或者如果市場讓我失望了，那也沒辦法，只是如果發生那種情況，我還是不會對這份工作感到不

滿。

卡威爾：我曾訪問一間非常成功的公司，已經累積三十
年的優異績效表現紀錄。他們曾經提供一位
客戶他想要的結果，也就是波動較小的交易。
可是那間公司的經營者卻對我說：「我們並不
是為了追求小額報酬，才用自己個人的帳戶交
易。對我們來說，我們想要的是大富大貴。我
們從事順勢交易，以追求超額報酬。」

穆瓦尼：我也是如此。絕大部分的優秀交易者願意讓自
己的資金承擔更高風險，勝過用客戶的錢做交
易。

Chapter 4

遠離華爾街的大贏家

不按牌理出牌，
成為億萬富翁

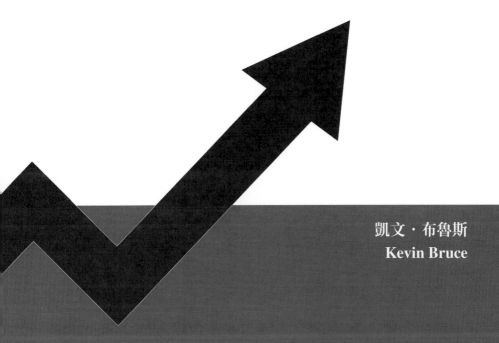

凱文‧布魯斯
Kevin Bruce

幾年前，我曾到華爾街著名投資銀行所羅門兄弟公司求職。

在 1994 年時，該公司還是一間相當有影響力的公司。我還記得當時該公司位於世貿中心七號大樓的頂樓，將足球場般大的樓層作為交易大廳，而如今世貿中心在 911 攻擊事件後已經不存在了。在當時，在我還沒聽說順勢交易以前，好像只有在那裡操盤才有機會賺大錢。

然而凱文·布魯斯向我們證明，一流操盤手不必非得在紐約、倫敦或芝加哥——那裡的交易員總是穿著一身給人精明幹練印象的西裝，在高聳的建築物裡操盤。

布魯斯來自喬治亞州的一個小鎮，他沒有親戚住在華爾街上。他沒有在華爾街操盤，卻能征服華爾街。他怎麼辦到的？

布魯斯最主要的活動地區在維吉尼亞州的里奇蒙，那是一個寧靜的小地方。

他每周固定會到當地的 YMCA 會館做運動，而且還開著 1996 年生產的福特皮卡老爺車。

儘管持有的淨資產將近 1 億美元，他仍喜歡過著成為億萬富翁之前的生活。他為人低調，所以大部分的人都不知道他很富有。他說：「我想這就表示，我很成功地在做我自己。」

所有市場都有效

他的交易策略，是還在喬治亞大學金融系攻讀碩士學位時構思出來的。他的策略是根據一筆交易能賺或賠的機率，來決定何時要買入或賣出，以及交易金額多寡。他在所有市場都是使用同樣交易策略。只要你講得出來的市場，他都有涉足。而在這些市場中，他都是專家嗎？不。

順勢操盤手的交易方法，必須在所有市場發揮同等效果。你不可以說：「我會用甲系統來交易日幣；用乙系統來交易玉米；在其他市場就用丙系統來交易。」如果一個系統無法在所有市場中發揮效果，那麼就不應該使用。

可是，我們不太可能一下子便領悟這個道理，當然布魯斯也沒有。在七〇年代晚期，布魯斯在喬治亞大學修習農業經濟學，這門課基本上就是在教避險（想像農夫在收穫季節來臨前的六個月，必須想辦法保護他們的穀物價值），但為了讓學生對課程更感興趣，老師就得發揮創意。於是，老師讓學生進行模擬交易（也稱紙上交易），以練習如何賺到真正的錢，而規則就是「在這一邊買進，在那一邊賣出」。

布魯斯之所以會設計出一套機械化的交易系統，完全是因為他太想贏得這場交易比賽。最後，他打敗班上所有同學。他是怎麼辦到的？那年他一開始只有 1 萬美元，這

個數字在三個月後成長為3萬美元。當然,這只是假紙幣,不是用真正的錢來交易,相對來說是件很容易的事,但他當時就已經設計出完善的順勢交易法。

從那次模擬交易經驗中,布魯斯決定:「何不來真的?」那年他才二十二歲便在當地證券行開了一個帳戶,就像我們每個人都會做的。這次可不是紙上練兵,而是真實的金錢交易。

布魯斯起初打零工攢下的 5000 美元,到了年底已經激增至 1 萬 4000 美元,增加的部分全都來自順勢操盤。布魯斯認為自己賺了不少錢,於是去買了一張高級牛皮椅、一台十九吋彩色電視機,以及在當時他能買到的最大台音響喇叭。是人都喜歡揮霍大賺而來的錢,對吧?不過先別急著抨擊他這亂花錢的行為,因為財富自由是我們的最終目標。

儘管布魯斯早期所採用的操盤術已經讓資金翻了近三倍之多,不過他也是有技巧地才存到那筆 5000 美元資金。在他十五歲時,他開始練習打包午餐帶去學校吃。學生餐廳供應的食物不怎麼好吃,但價格卻只要 35 美分。布魯斯每天都會跟其他孩子在廁所碰面,並在那裡舉辦他的午餐便當拍賣會,然後他才去餐廳吃午餐。一賣一買的結果,通常還可獲利 2 美元,這真是筆很不錯的生意!

在七〇年代晚期,5000 美元不是一筆小錢,但那筆

錢是為了給他上大學。用這筆錢去操盤的風險極大，萬一5000 美元全賠光，那就完蛋了。

然而布魯斯對自己的交易研究結果很有信心，他甘願冒這個風險，完全沒有猶豫。事實上要是他真的賠掉5000 美元，他肯定會再嘗試一次，因為他對自己的操作系統非常有自信。

出色的順勢交易者永不放棄。他們會把握每一次練習機會，並且從失敗中學習。他們會堅持到底。

操盤有可能自學嗎？如果想成為一名成功操盤手，自學可說是非常重要的一件事。布魯斯的操盤技巧，都是靠自學而來。他的故事從喬治亞大學圖書館的地下室開始萌芽。圖書館裡有《華爾街日報》的舊版微縮軟片，於是他便在圖書館地下室整理所有市場的開盤價、最高價、最低價，和收盤價的紀錄。

當時布魯斯其實在加油站上夜班，上班時他要清潔擋風玻璃上的蟲子，以及幫車子輪胎補氣，他只能趁工作空檔思考並研究——他便是趁那時分析價格數據。布魯斯有一台德州儀器製造的手持型計算機，來幫助他分類從圖書館蒐集而來的價格數據。他想出一套方法來定義趨勢的形成（藉由它的走向來獲得利益）。在學校參加交易比賽時，儘管他有修改一些小地方，但還是同一套基本的順勢交易

系統。

後來，他也是用這套交易系統，在真實世界裡跟蹤趨勢數十年。

專心一意

早期布魯斯在銀行及證券業上班時，他會跟同事一起吃午餐，因為那正是典型上班族在工作日會做的事。他有些同事交易棉花，有些交易大豆，他們交易的市場完全取決於個人喜好，但布魯斯覺得這樣的方式沒有道理。為什麼要選出最喜歡的市場？根本不應該這麼做！

布魯斯本來想成為一名公司法律師。

他有一位叔叔當時是一名法官，叔叔說服他公司法律師每周需要工作 60 個小時，可能與他想要的生活方式不符合。而且就算他堅持要走法律路，還得等到成為事務所合夥人時，收入才會變得比較好。於是他心想：「這聽起來不合我意。」

布魯斯二十二歲時就知道自己想成為一名操盤手。

然而許多人從來沒想過自己要做什麼，當然也就無法做決定。我們總是隨遇而安，期望自己哪一天能榮獲樂透之神的青睞。

早點找到自己想走的路，如果你真的想成為一名順勢操盤手，現在就可以開始！

不過就算決定了自己將來要走的路，過程中也難免會遇到阻礙。

大學畢業後，布魯斯在亞特蘭大一家規模相當大的儲蓄銀行上班，可是因為那間銀行的操盤風格比較保守，所以不支持他的順勢交易法。

後來他轉職到北卡羅萊納州一家小銀行，並且在那裡待了四年，因為該銀行願意讓他嘗試操盤。

在累積經驗之後，他在 1986 年獲得機會到維吉尼亞州的銀行上班，在那裡他終於可以按照自己的意思操盤，乘機順勢逐利。

他的動機從來不是為了一台私人噴射機、勞力士名錶，或三棟臨海別墅這類私欲，但從小住在喬治亞州小鎮的布魯斯很清楚，如果從未渴望過更好的生活，那些來自中低階家庭的人長大後會過著什麼樣的人生。布魯斯知道那種思維會限制自己的自由，他不想跟他們一樣。

想擺脫從此由老闆決定大小事的命運嗎？想隨心所欲地想去度假就去嗎？或者只是希望人生能活得自由？這些都是布魯斯的動力來源。

下一盤西洋棋

　　我曾經閱讀許多關於順勢交易的研究，也研究多位傑出順勢操盤手，而我發現遊戲扮演重要角色。在布魯斯只有十歲左右的時候，他的哥哥教他玩西洋棋。西洋棋的基本要領是得一邊盡早讓對手犯下一些小錯誤，一邊布下棋局以便之後利用那些小錯誤，來將對方一軍。

　　有一次，布魯斯有機會去到紐約市，他看見大型證券公司的交易大廳。他覺得那裡就像影集《星際大爭霸》的場景，加上數不清的螢幕和燈光。他心想：「我在這種環境根本無法思考。」當市場開盤時，我們永遠都無法做出決定；而操盤要像飛行計畫，事事都要預先規畫。在開盤時試著做出的決定，很容易受到情緒影響。任何事一定要提前想清楚，萬一價格上揚、走跌或持平，你要先知道自己會做出什麼反應。一旦釐清了，你就可以讓系統進入自動駕駛模式。這聽起來似乎太簡單了，但這正是你需要做的，這也是為什麼你不需要因他人意見而感到焦慮的原因。

　　如果你的士兵已經往前走了幾步，並且開始等價換子，那麼勝利將離你不遠了。當你用主教換對手的主教，用騎士換對手的騎士，到了棋局尾聲你還剩下兩支兵和國王，而對手只剩國王。在西洋棋中，如果你的兵走到對方

的底線時，兵就會升變為皇后——成為棋盤上威力最強的棋子。

在西洋棋中，對手早先犯下的失誤，會成為你日後贏得棋局的關鍵。

操盤也是一樣，所以我們可以怎麼做？關鍵在於找出你的優勢，並利用優勢贏得勝利。我們必須**利用優勢獲勝**，你得先有這個認知才行。

風險概念與風險評估

布魯斯的最後一份銀行業工作，是在 1986 年開始，當時他們利用一種被稱為危險單位（risk unit）的概念，來衡量操盤風險。一個危險單位，等同於一張 30 年期國債的市場風險。起初，布魯斯可接受的危險單位是 10，意思是他可以承擔 10 張國債的市場風險，大概相當於 2 加元，或者 5 瑞郎，或者 6 張玉米期貨契約（還記得前面提到，期貨會在交易所——如芝加哥商業交易所——進行交易；以契約來買賣期貨，以股份來買賣股票）。

不久後，銀行發現布魯斯的順勢操盤術績效卓越，好似一台鑄幣機，便漸漸增加布魯斯的危險單位。隨著他操盤的時間以及獲利不斷推高，銀行高層對布魯斯越來越有

信心；更重要的是他也對自己的操盤更有自信，他的順勢操盤規模快速擴張。對一家中型銀行而言，其目的並非真的想像順勢操盤手那樣賺大錢，所以布魯斯的操盤規模對他們來說已經很大了。

不過我在這邊還要告訴各位一件更重要的事，那就是**擁有風險概念以及做好風險評估，必須是首要任務**，可惜的是許多人常常忽略這兩件事。實際上，只要你打點好跌勢，漲勢就不用操心了。意思是，你得有足夠資金進行操盤，在虧損時能保護自己免於失去所有，那麼當大趨勢形成時你便可乘浪而起。

我們會犯下的最大失誤，就是經常仰望星空，幻想自己將會從一筆交易中賺到多少錢。如果沒先往下探一探，那麻煩就大了！無論在什麼情況下，我們都得先考慮哪些地方可能出錯，以及又該如何補救。

我們可以從哪裡學到這個教訓呢？也許在每個人小時候上體育課，或下西洋棋的時候，或者任何形式的比賽中。你將會發現，唯有堅持才是獲勝唯一途徑。如果正確的事沒有重複做，我們將永遠無法擅長這件事。而做得不好，就不可能有所回報。

樹立對系統和自己的信心

所有傑出順勢操盤大師，都有各自獨特的成功故事，但更重要的是他們都擁有一項獨特的關鍵元素，進而促成自身的成功。布魯斯與華爾街之間的距離，可能正是他的祕密武器。他沒有按照華爾街的規則，而是按照自己的方式操盤。這是一個非典型的成功案例。

我要表達的意思是，布魯斯一開始在銀行工作時，就已經朝著目標前進。在那個時候，他做了一個幾乎前所未聞的決定。他跟公司達成協議，公司只需要針對他的操盤交易，將所賺到的獲利抽出固定比例當成他的薪水。如果交易有賺錢，那當然很好；但要是虧損，就沒薪水拿。如果今年操盤表現不佳，可能只能吃吐司配白開水，不要妄想牛排了。

不過這是相當高明的交易，因為布魯斯從此成為那家銀行的順勢操盤手，且後來他的操盤規模變得相當大。他的獲利越高，銀行就要他操作更多的資金。而他負責操盤的資金越多且持續繳出優秀成績，他賺的錢也越來越多。這表示你可以跟布魯斯一樣，有能力與公司達成協議嗎？也許可以，也許不行，但那不是重點，重要的是他的思維方式。他跳脫框架，他訂下規則讓他占據領先地位。有多少在銀行上班的人，有這等自治權和自由？肯定很少。

　　不過別以為靠著銀行的錢操盤的故事，就是布魯斯成功的祕訣，先別這麼急著下定論。布魯斯在三十歲時，就已經賺到人生的第一個百萬美元，而且是用自己的錢，也是靠自己操盤而得的。他跟你一樣，都離華爾街遠遠的。

Chapter 5

提高勝率
勝算與機率的遊戲，
像撲克玩家一樣思考

賴瑞・海特
Larry Hite

TREND FOLLOWING

我曾製作一部紀錄片，收錄幾位諾貝爾獎得主、頂尖操盤手、基金經理人以及專業撲克牌玩家的訪談內容。因為這是一部以市場和近期的金融危機為主題的紀錄片，所以有些人不明白為什麼我要訪問撲克牌玩家。很多人不知道的是，優秀的操盤手與撲克牌高手之間，有密不可分的關聯性。為了獲勝，他們都必須懂得如何**提高勝率**。

在任何時候，只要賭上努力掙來的錢，我們都得考量獲勝機率會是多少。我們都希望好事能發生在自己身上，例如買樂透，縱使中獎機率很低，可是人們還是會買。

賴瑞‧海特已經成功順勢操盤超過三十年，他的厲害之處在於能提高自己的勝算。這意味著當有機會賺大錢時，就要加碼更多的錢；當很肯定一筆交易會虧錢時，就不要投入太多資金。海特是我很景仰的操盤手之一，我也很欣賞他的為人。你問我為什麼會如此欣賞他？我覺得更值得討論的問題是，我們該如何利用他的經驗來增加自己的資產？

請跟著我一起回顧他的成長時期。就像許多歷經千辛萬苦才得以成功的故事一樣，海特的家庭是典型中產階級，他在紐約的一棟公寓裡長大。雖然父親經營一家小公司，但經濟狀況也不算小康。海特天生有學習障礙、視力問題，因此也有注意力短暫問題。然而海特總是帶著一臉

燦爛笑容，自嘲地表示那些問題正是他的成功祕訣，因為
有那些缺陷反而使他成為一位操盤高手。

那然而那些缺陷並非是他成功的真正原因。接下來，我
將敘述海特克服諸多困難的故事，希望能給各位帶來一些
啟發。

無關緊要的資訊

我們該怎麼做，才能成為像海特一樣成功的順勢操盤
手？

首先，必須有**好奇心**。海特第一次閱讀關於商品交
易的文章，是來自成人雜誌《花花公子》，讀完那篇文章
後他便馬上約訪當地一位知名的商品經紀人。這名經紀人
向海特解釋，如果海特拿出 2000 美元，每天都可以賺進
1000 美元。有人會沒聽過這種類似的騙局嗎？（某天有
人發電子郵件告訴我，說 Facebook 創辦人祖克伯願意在
今天賣一些股份給我，在公司股票首次公開發行之前）。

這些人對五花肉、黃金或股票一無所知。我相信你和
年輕時的海特一樣，即便對五花肉市場知之甚少，也能立
即發現投資 2000 美元絕對不可能每天都賺到 1000 美元。

海特又發現另一明顯的矛盾之處。經紀人的工作必須

在早上 9 點前到公司上班，可是對方卻穿著牛仔褲，穿著打扮也很隨興，而且還說自己想睡到幾點都行，這樣的人怎麼可能讓海特變有錢？

想像有一天，有位理專正跟你分享一個投資機會。這時一位股票經紀人突然起身告訴你，他才是可以幫你賺大錢的人。他的理由是什麼？他說他去拜訪過很多公司高層，他甚至可以透露哪家公司的執行長的眼睛是什麼顏色。

這是一個真實發生的故事。海特看著那位股票經紀人，心想：「天啊，他是我遇過最愚蠢的人之一。執行長眼睛的顏色根本不重要，畢竟沒有數據顯示藍眼睛的人比棕色眼睛的人更優秀。」

你必須格外注意**有關聯性的資訊**。哪些資訊已經通過驗證？你怎麼知道那不只是某個人的主觀見解？如果那是一則被證實的資訊，但這跟投資獲利有關聯性嗎？如果你已經取得一則經驗證且有關聯性的正確資訊，那接下來該怎麼辦？

我們不能只是單方面接受資訊。我們得處理資訊，並且對大部分資訊（以及大部分意見）抱持懷疑態度。

就像巴菲特說的，你不必一直揮棒，只須等待心中那顆好球出現。

可貴的收穫

我用了很多時間向海特學習。他的課程步調很快而且生動，他可以迅速地從一個概念跳到下一個概念。以下幾點是我覺得相當難能可貴的收穫，我相信這些概念也能助你頓然開悟，並引導你順勢操盤。

- 棒球名將泰德・威廉斯（Ted Williams）曾寫過一本關於擊球的好書。威廉斯將本壘板畫分為數個區域。就像下西洋棋一樣，他發現有好幾個區域在自己的打擊區內，於是他可以根據球通過本壘板的位置，換算自己的打擊率。他就是如此注重細節的打者，他會思考機率對自己是否有利。他找出有用的相關資訊，進一步提升自己的打擊率。

- 假裝你有一個從事水電事業的朋友，他本來住在一台老拖車裡，經過一段時間的奮鬥後，他累積了一筆資產。後來這位朋友看好白銀市場，而且白銀的價格也真的上漲了。只是過了一陣子白銀價格開始驟跌。當白銀價格不斷下跌時，他打電話給你：「怎麼沒人提醒我價格會跌成這樣。」我想，你不會知道，我也不會知道，甚至海特也不會知道。因為市場只是在說：「你做錯了。」如果我

們的交易總是跟市場動向相反，怎麼可能會賺錢？
這是一則真實故事，在這位商人功成名就之前，
他只能回去住在那台老拖車裡。

- 成功的第一步，就是了解自己對什麼事懷有熱情。
你必須找到自己的志向，你必須問自己：「我是
誰？」「對我來說，什麼才是最重要的事？」

- 然後，你要接著問自己：「我可以做這件事嗎？」
「我可以不斷重複地做好這件事嗎？」「我喜歡
做這件事嗎？」比方說，海特喜歡交易系統。他
不喜歡隨興行事，他喜歡根據情勢採取不同行動，
而他正是以這樣的心態成為一名順勢操盤手。

- 「你心中的渴望是什麼？」「這麼做的目的是什
麼？」「你知道自己投資的標的是什麼嗎？」「做
這筆投資，是因為價格會漲嗎？」「做這筆投資，
是為了增加收入嗎？」「你真正想要達到的目的
是什麼？要如何找出自身獨有但對其他人來說是
不公平（但合法）的優勢？」

- 另外，也要問自己：「什麼時候？」「什麼時候會
發生？」「時間限制是多久？」「如果認為某事即
將發生，那會是什麼時候？」這些問題，會給你
將從這筆交易賺到多少錢的答案，以及你的報酬
綜觀下來會是多少。你必須知道這些問題的答案。

- 「事情該如何發展？」你需要一個目標，但為了實現目標，需要發生什麼事好讓今天的你得以變成明日的你？
- 在交易中，沒有什麼東西比複利更有威力。複利是本金加上初始本金、貨款或債款累計下來的利息。複利就是利滾利，比起只會使用本金的比例來計算的單利，複利的增長速度會更快。

最後，也最重要的一個啟發是：做錯了也沒關係。

海特說自己的在學成績從來不是最好的，運動也不在行。但正因為他能接受自己可能是錯的，這反而成為他的優勢。事實上當他真的出錯時，他完全不會感到驚訝。

海特自豪地回憶：「我都會預想自己（在進行操盤時）做錯了。我總會問自己：『最糟糕的情況可能會是怎樣？』我會以最糟糕的情況為基準。我一直想知道自己正在冒哪些風險，以及可以賠掉多少錢。有時候如果真的去檢視，會發現其實實際冒的風險沒有所想的那麼大（這就是能賺大錢的原因）。」

所以請問問自己：「最糟糕的情況是什麼？」並從這裡開始。

正確的知識

想像你正在經營一間公司，員工有上百人。某天你走進公司問大家：「要是我們可以正確知道所有市場的年底價格，這樣的知識值得我們花錢嗎？」每個人都希望如此，對吧？你的員工肯定會馬上表示贊同。但是等等，我還沒說完。

既然已經知道每一年的年底價格，那我們可以從同年的 1 月 1 日起，運用多大槓桿來獲得最大收益？

海特發現即使我們能完美預測年底價格，仍舊無法維持超過三比一的槓桿，因為我們無法預測市場從年頭到年尾的價格走勢，會出現什麼變化。

讓我們換個方式思考。Google 母公司 Alphabet 的股價，在 1 月 1 日的價格是 300 美元，我先告訴你到了年底時，價格會是 600 美元。請問你會怎麼做？是把信用卡的所有額度都用來買進股票？還是動用帳戶裡所有錢全部買進？或者盡可能買進便宜的選擇權？反正你已經知道年底價格了，不如盡量多買，對吧？但你錯了！你會失去所有。

怎麼可能？很簡單。即便你知道 Alphabet 的年底價格，股價也可能從年初的 300 美元下跌至 50 美元，然後才爬升至 600 美元。價格的上下起伏很可能讓你血本無

歸——如果你已經使用槓桿之後又再次槓桿操作，那麼到了年底之前，你很可能把房子都賠掉了。請尊重槓桿的力量，好嗎？

向大師學習

當我們下注時，一定得知道贏面有多少，所以需要做推算。計算贏面的方法如下。

計算期望值，即是在衡量每筆賭注的正值或負值會是多少。期望值使我們得以客觀檢視自己的選擇或賭注，從而減少情緒的影響。

儘管你判斷這是一筆機率 95％ 正確的交易，但要是虧了超過 20 次以上，那即是一場錯誤賭注。透過計算贏或輸的機率，以及每次交易的金額，就可以算出自己究竟是做了一場對的，或者是錯的賭注。

以拋硬幣遊戲為例，每次拋硬幣，贏或輸而得到的錢都是一樣的，而且每次拋出正面或反面的機率是 50 比 50。

這種賭注的期望值會是零，因為獲勝機率正好抵銷輸的機率。

接著我們改掉每次勝敗會拿到同樣金額的規則，假設每次拋出反面可得 2 元，正面則要賠 1 元。

因為每次拋硬幣的勝敗率是 50 比 50，但因為擲出反面得到的獎金是兩倍，所以現在這個遊戲的期望值為正值。

用最簡單明瞭的方式來說，期望值等於獲勝贏得的獎金乘以獲勝機率，減去輸了要付的金額乘以失敗的機率，如以下公式：

期望值＝（獲勝贏得的金額 × 獲勝機率）—（輸了要付的金額 × 失敗機率）

導師也有導師

雖然之前已經提過他的名字多次，但實在不得不再度提到順勢交易先驅愛德‧賽可達。

賽可達是首位做「全盤」交易的人，意思是他在所有市場，都用同一套系統操盤。

海特特地分享一個故事。

賽可達有一套順勢交易系統，有一天他的老闆跟他說：『愛德，你沒有做馬鈴薯的交易。』他回答：『對，我的系統裡沒有做馬鈴薯的交易。』過了三天，老闆又來

跟他說：『你看，你還是沒有做馬鈴薯的交易，我在說你有在聽嗎？』他又答道：『我的系統裡沒有馬鈴薯的交易。』他的老闆接著說：『聽著，我們在交易馬鈴薯的交易廳裡有個交易檯，所以你得給出一個買賣結論。所以你說你沒做馬鈴薯的交易，這怎麼可以？』」

這個情況一直持續大約一個月，直到賽可達離開那間公司。

這故事聽起來是不是很耳熟？如今有許多經紀人和名嘴也是這樣，即便是毫無價值的交易建議，他們也想統統塞給客戶看。

這故事告訴我們：**專注在重要的交易，別理會無關緊要的交易**。只是為了交易而交易，就是無關緊要。

順勢交易操作並非要交易員成為英雄。換句話說，**順勢交易的重點不在擁有正確看法，而在取得長期勝利**。有些人只希望自己也能成為超級巨星，就像上實境秀為了出名而模仿名人的人，但那不是我們想要的。

我們得更實際一點，比方說，你願意賠掉多少錢？你可以這麼說：「我願意損失資金的百分之五，或百分之百。」但你一定得知道實際數字是多少。

是的，你得成為一位順勢交易者。是的，你得找到趨勢，但我們無法預測趨勢，或者知曉何時會形成趨勢，以

及會持續多久時間。這就表示你必須留餘地給自己，萬一趨勢突然反轉或市場時機不好，你也能存活下來。因此，一定要知道你將面對的是什麼樣的損失。

約會遊戲

關於具備勝率思維的能力，我還有一個很棒（又有趣）的故事要分享。如果你是一名年輕人，今年才剛上大學，你難免會想在大學認識異性吧？但你要怎麼做才能認識女生？怎麼做才能交到女朋友？海特有個方法，可幫助所有單身男士，而且這一切都跟數字有關。

想像你按照平常的時間出門上課。你常常遇到一個男生與你擦肩而過，而對方身邊總有一位面容姣好的女生，而且還不一定是同一位女生。相比之下你卻形單影隻。

有天你趁機與他攀談：「打擾一下。」你向他請教究竟如何交到這麼多女朋友：「你是從哪裡認識那麼多漂亮女生？」他說：「這從來都不是問題。」

他接著說：「聽著，其實很簡單。每當我看到不錯的女生，我就直接走過去告訴她：『嗨，我是哈利，我想請妳喝杯咖啡。』」他補充說：「我每搭訕 10 位女生，其中就有 1 位會跟我去喝咖啡。我每請 10 杯咖啡，其中會

有 1 位女生願意跟我進一步交往。」

海特承認這是他聽過最棒的例子之一，因為這種思維模式，是由兩件他最感興趣的事組合而成：機率，以及異性。

這故事講的不只是數字和機率，也就是你認識的人越多，機會也就越多；這也是一個關於拒絕（亦即：虧損）的故事。你可以忍受被拒絕嗎？你可以忍受虧損嗎？

讓我們再回到風險的話題上。

用這個約會技巧，你的失敗機率是十分之九，所以接下來的問題很簡單：「這個報酬背後的風險值不值得？」對很多人而言，無論他們是想約會還是交易，為了獲得報酬，當然值得冒這個風險了。

有一位曾被派駐到越南的軍人說：「直升機駕駛可分成兩種，年紀大的以及膽子大的飛行員，但沒有年紀大又大膽的飛行員。」

交易就是下注，而且海特說得很清楚：「賭注有四種。可以分為讓你贏錢的賭注，以及讓你輸錢的賭注。另外還可以分為好的賭注，和壞的賭注。你可能在壞的賭注上贏錢，也可能在好的賭注上輸錢，關鍵在於要在好的賭注上表現得更好。」

所以，不妨問問自己：「什麼是好的賭注？你有沒有經常下好的賭注？」

你允許自己賠掉多少？

首先，從你可以忍受多少開始：「你願意讓一筆交易損失多少錢？」在價格到達自己的預設停損點之前，我們要讓市場有價格起伏的空間。你必須握有控制權，並且知道自己在做什麼──無論發生什麼事。要確保自己總是做好準備。要做到萬全準備是不可能的（比方說，流星出現導致恐龍滅絕），但我們可以做好準備，當市場出現任何事件時，我們都可以採取正確處理方式（例如：當價格觸及停損點時就要退場）。

如果就連兩位聯準會主席艾倫‧葛林斯潘（Alan Greenspan）和班‧柏南克（Ben Bernanke）也無法準確預測金融危機，那更不要說海特（或者你）了，不是嗎？任何事情都有可能。可是至少海特會提醒自己別太自以為是，並且以此前提進行操盤。我們一定要更實際一些，儘管在現實面上我們不需做任何動作。假如你對這個提醒選擇忽略，那你將有很大機會面臨破產危機。

我們必須了解自己也會有不知道的事。無論拿到什麼資訊、無論你怎麼做，都有可能是錯的。海特有位朋友已經累積超過 1 億美元財富，他曾經說過幾句頗有深意的話。

　　如果從未賭上自己的生活做交易，那麼在你身上就不會發生不好的事。但如果你從一開始就知道最糟糕的狀況可能會是什麼樣子，那麼你將會擁有無限寬廣的自由。你問那是什麼樣的自由？一種與新手投資者不同的從容豁達！

　　有則簡單卻亙古不變的真理是，雖然我們無法量化報酬（沒有人知道何時會形成大趨勢，也沒人會知道趨勢的規模），但**風險可以被量化**。換個更白話的說法，在有限的金錢供應量之中（我們的金錢都是數量有限的物品），你要控制自己願意損失多少金額。

　　海特秉持一貫的操盤原則：任何交易的風險，都不可超過帳戶總金額1%。如果風險只占1%，任何一筆交易都影響不了你；更重要的是，賠掉一筆交易也無法擊潰你。

　　我希望你已經從海特身上學到最重要的事：**不必選擇交易市場，要選擇的是交易金額**。海特對於交易和人生，有兩大基本規則：

- 不下注，就不可能贏。
- 但如果輸掉所有籌碼，就永遠不能下注了。

賴瑞・海特小故事

　　海特是一位傳奇人物。我沒有在一開始就介紹他的背景，是因為希望各位把焦點放在他的投資智慧，所以特地在本章結尾埋了一個彩蛋。

　　海特無庸置疑是順勢交易操盤的創始人之一。他在1981 年創立明特投資公司（Mint Investments）；到了1990 年，明特投資公司已經是世界上規模最大的趨勢跟蹤基金。後來海特與英仕曼集團（Man Group）合夥，英仕曼集團隨即收購對沖基金公司 AHL。由於該基金公司創辦人有三位，分別是麥可・亞當（Michael Adam）、大衛・哈定（David Harding），以及馬丁・盧埃克（Martin Lueck），於是他們用姓氏第一個字母組成公司名。如今在採取順勢操盤策略的所有投資公司中，英仕曼集團已穩居首位，海特對他們的成功功不可沒。

　　後來海特跟一名資深英仕曼同事史丹利・芬克（Stanley Fink）合夥，成立對沖基金公司國際標準資產管理基金公司（International Standard Asset Management Funds）。當海特受《金融時報》訪問，談談決定合夥創業的契機時，他娓娓道來：「多年前我遇到一位客戶，是一名從事烘焙食品事業的紳士，他以 1000 萬美元價格賣掉公司後來找我做投資規畫。在與他討論他的投資選項

時，我對他說他的理財決策並不常見，他糾正我並告訴
我，他早前已經進行過幾次這類事業交易。他接著解釋自
己有個非常簡單的必勝公式。首先，他對烘焙業這個行業
非常了解；再來，他只跟三十五歲左右的男子合夥，他認
為三十五歲是剛好的年紀，這個年紀的男子尚年輕且充滿
活力，同時已具備因經驗累積而養成的成熟心態。我完全
可以理解他的想法，所以當我開始思考創設自己的事業
時，總會想起他的話。」

Chapter 6

整裝重新出發
喚醒企業家精神，培養專注力與決斷力

大衛・哈定
David Harding

有誰不想賺到 10 億美元？當然我可以想像這些錢財會帶來的缺點，但要成為富中富，必須先吃得苦中苦，特別是那些白手起家的人。你覺得賺 10 億美元是合理目標嗎？嗯，成功實現目標的機會也許不算很高。

然而在這瘋狂且時常混亂的世界裡，有些人就是會突然中了大獎。有人買了一張刮刮樂，然後一夕暴富。他們沒有磨練自己的工作技藝，也沒怎麼奮鬥，除了買張刮刮樂之外，什麼都沒做。

此外還有另一種人，例如大衛‧哈定。哈定在很年輕時就開始工作了，不過他還是花了幾十年時間，才終於成為真正的億萬富翁。不過請別誤會我的意思，正如許多成功故事一樣，幸運之神站在哈定的那一邊。

但幸運不是本章重點，毅力才是他的成功關鍵，也就是不輕言放棄。他的成功，正是因為他具備鍥而不捨的態度，如果少了這份堅持的毅力，哈定絕不可能有機會大放光彩。

我們該怎麼做才能像他一樣成功？我們可以學習那些已經賺進 10 億的操盤手的思維模式。如果我們能像哈定一樣思考，如果能試著以他的角度去看世界，那麼你我也都有可能讓自己擁有賺進 10 億的機會。請留意，我是說「有可能」。要你學習像億萬富翁那樣思考的真正原因，是為了讓你可以賺到第一個百萬。任何有膽識和決心的

人，都可找到賺進第一個百萬的方法，但必須經得住趨勢的時起時落。

　　雖然哈定投入交易市場不到三十年，但已被倫敦媒體譽為期貨交易之王。他的順勢操盤術在二十年內，平均每年可創造近 20％報酬率。各位不妨先好好思考一下這個數字，也許你有在投資共同基金，而那些投資正慢慢吞噬你的本金和理智。

　　哈定當時雖然年紀未滿五十，卻已白髮蒼蒼，如今的他很喜歡蒐集與金融歷史有關的書籍，甚至是 1860 年代出版的書籍。哈定比我年長幾歲，他是美國企業界關注焦點，他總是用一口英國腔，說出一句又一句機智又詼諧的毒舌批判。

從乏味的苦差事開始

　　哈定是聰明人，這點無庸置疑。他畢業於英國劍橋大學，主修物理學，但要是少了努力，光靠物理學的專業知識也無法使他成為如今的順勢操盤大師。另外我也已經確認過，物理學跟順勢交易之間可是一點關係都沒有。

　　儘管哈定在年輕時就讀過關於技術分析書籍，也看到順勢交易的好處，但是他很快就明白要對自己的交易進行

科學性分析。

　　一開始，他先進到基金管理公司上班。「因為我不想就這麼進入投資銀行，所以就去那裡上班，我想知道如果我不在市場裡，是否也能操作（順勢交易）。『我可以就算身處荒島，也能靠交易賺錢嗎？』這就是我一直問自己的問題。」

　　這問題只能透過努力來獲得答案。不妨想像一下每天都靠雙手繪製上百張圖表，而哈定就是這麼做的。他把每張圖表都裝在大型皮革資料夾裡，後來他也把這些資料夾裝訂成一本皮革書。他為什麼要這麼做？是為了研究！如果你認為分析價格變化可以證明所有市場都是一樣的，那麼就得證實自己的看法。所以你的功課便是仔細研究那些價格數據，以及根據那些數據而形成的圖表。

　　哈定補充：「我想成為一名量化交易者，因為我早已經養成量化的思考模式。正如身為一位小提琴家就是需要拉小提琴一樣，我需要對市場採取量化方法。我只對數學感興趣而已。」

　　不過，這也不是新鮮事了。幾世紀以來人們都知道，投資成功與數學是不可分的，兩者間的關聯性也不是二十世紀末才突然出現。全球化加上電腦的爆炸性發展，現在也許是讓投資與數學發揮綜效的黃金時代，但運用數學運算規則來操盤致富，卻是相當新奇的。

在現今時代中，這兩波巨浪帶給交易者許多機會去做聰明的事。利用數學和電腦投資全世界，以及追尋更貼合趨勢的交易策略，都還只是其中一部分的優點。

試想一下，假設你正在關注多個市場，而且你的交易規則是需要不斷重新計算和監測那些市場，那麼比起二十年前，現在的你真的會因為在全球市場有更多賺錢機會而感到震驚嗎？用更白話一點的說法：**順勢交易是唯一一種你不需要一直坐在房間裡，也能操作的交易方式；也是唯一不需要投資人整天盯盤的交易方式**。跟其他交易方式相比，以上都不是容易做到的事！

對順勢交易者的誤解

跟隨市場趨勢，是一門真正的科學。哈定斬釘截鐵地說：「雖然這個表達方式聽起來很糟，但只要願意敞開『和服』（意思是揭露市場中的資訊），你就會得到厚厚一疊的文件資料。」

他用順勢交易系統來進行所有交易，而且全都奏效。他會透過模擬來提出想法和假設，並逐一進行檢測（附帶一提，前面章節中提到的那些操盤手，也是同樣做法）。基本上，這些年來他一直在進行順勢操盤實驗與觀測，不

過他不是使用顯微鏡或望遠鏡，電腦就是他的實驗工具；他不是觀測星體的運行，他看的是數據和系統模擬語言。

我們在看市場數據時，總會看到很多各式各樣的圖表和指標，所以到底應該關注哪些相關數據才對？答案是：**價格數據**。光是利用價格數據，順勢交易操盤手就能交易期貨、指數股票型基金以及許多不同的金融工具。也就是說，許多順勢交易操盤手也會交易全球的期貨合約，因為那些期貨的流動性高、價格便宜、具有時效性。

如果你想當一位個人順勢操盤手的話，那就另當別論，但如果你打算找一家順勢操作公司替自己投資，那你也許需要知道專業的順勢交易者是如何被誤解的。

他們被人稱為商品交易顧問（Commodity Trading Advisors，CTAs）。在美國，政府機構會監管 CTAs，可是因為順勢交易者不只交易商品，他們會在所有市場交易，從股票到貨幣、從棉花到瑞士法郎、可可，所以商品交易顧問是對他們的誤稱。

許多順勢交易公司也被貼上管理期貨操盤手的標籤，這也是另一個令人感到困惑的誤稱。管理期貨操盤手跟商品交易顧問一樣，都沒有提到他們的交易策略風格，只有指出他們所使用的交易工具而已。

哈定不認為自己應被歸在哪一類，但是他發現客戶需要他給自己貼標籤，因為這樣他們才會有安全感。不過他

後來發現有標籤也不錯，他笑著說：「否則我們會一概被歸類為像個打雜的，誰會想成為只會打雜的人？」

操盤手最害怕的致命弱點

　　哈定在幾十年前的研究，讓他得出一個結論：順勢交易系統是有效的，或者至少在那個時候他發現他的交易系統是有效的。當然這個結論還言之過早，因為的確有某些東西奏效了，而且還會繼續發揮作用，不過哈定認為會得出這個結論是基於他自己的記錄，他跟蹤趨勢的時間已經足以讓系統發揮作用，而他也以順勢交易為核心理念，設立兩間規模很大且成功的公司。

　　那些公司要獲得成功，想要獲得交易上的成功，兩者都可直截了當地歸因於同一概念：**風險控管**。風險控管到底有多重要，我認為說再多次都不嫌囉嗦。對交易者而言，不尊重風險將會是致命弱點。

　　風險的定義是指結果的不確定性，意思是沒有辦法控制特定情況的最終結果，但如果願意賭一把，那麼風險必須帶來值得冒險的報酬。可是不只投資市場會遇到風險，我們每個人每天都會承受風險，可說是隨時隨地都面臨各方而來的風險。

　　無論是開車或搭飛機也都有風險。我們可以計算做每件事的風險大小，比方說我們知道開車可能導致駕駛人死亡的機率是百萬分之一，可是大家不會因為這個風險機率，就不開車去探望親朋好友吧？

　　為了獲得自己想要的結果，我們都得冒險，並且讓自己徹底適應風險。不過無論是哪一種人類活動，其結果總是會有少量不確定性。所有人類活動，包括順勢交易，其結果都存在不確定性。

　　例如醫學，不確定性是顯而易見的，當你罹患某種疾病時，醫生會立即告知該疾病的死亡率會是多少。假設你喜歡從事高風險活動，比方說滑雪，那麼死亡的風險可能更早來臨。

　　我們每個人所承擔的風險程度不同，有些人會從事跳傘活動，有些人經常搭飛機，有些人有菸癮，有些人喜歡旅行，而有些人願意追求更高報酬而承擔更高風險。但無論如何，這些都是一種冒險。

　　有些人也許會認為自己不想承擔更多風險，例如那些坐在公園長椅上的老紳士，他們希望在接下來的日子裡盡量避開更多風險、在公園裡餵鴿子，以及跟孫子女一起談笑。

　　人們各有不同渴望，對冒險的態度也不一樣，所以在評估風險時要以變制變。每個人在投資和交易時都要承受風險，但是區別在於，很少人會運用數學工具來衡量自己

的風險選擇。

比方說有些人會盲目做投資，不曉得自己承受多麼高的風險。如果沒有準確評估自己的劣勢，就不應輕易進場。精準評估風險可幫助我們有理智地冒險，清楚知道自己的生活正面臨那些風險。

我們要先建立這個基本概念，才能在市場上運用自如。從廣義角度看，投資給所有人帶來最大的不確定性是什麼？試圖致富！

95％至99％的人都對致富擁有一定程度的興趣。有些人拚命想成為富人；有些人想買好一點的房子或車子，所以才想多賺一點錢；而有些人賺錢是為了獲得安全感。

顯而易見的是，人們總是想方設法致富，但若沒有冒險，就不可能獲得更多真正的財富。畢竟連把錢存在銀行都不是零風險了，因為金錢的價值會隨時間而起伏（也就是通膨）。

所以，我們有衡量風險的方法。我們可以量化風險，雖然量化風險的方法並不完美，但可以用那些方法來檢視風險。然而，我們可不想被科學誤導而犯錯。有一句話說得好：「這世上有一種危險，就叫『一知半解』！」比方說，有些人會把計算出來的風險作為報酬的標準差。

標準差是一種用來了解歷史波動的統計量，可以告訴我們以「平均」而言，一組數字出現多少變化或「離散」

程度。比方說，一檔飆股可能會有比較高的標準差，而一檔表現穩定的藍籌股的離散程度可能更低。離散程度越高就表示，實際報酬與期望的正常報酬之間的差距越大。

可是，標準差不適合用來衡量及評估風險，因為你是一位順勢操盤手。這是為什麼呢？

身為一名順勢操盤手，你將讓財富遠遠超過正常值。這表示你會在鐘形曲線進入「尾端」時大賺一筆。

「遠遠超越正常值」是什麼意思？當我們把投資組合放在一起的時候，通常會假設其投資報酬分布會呈現正常模式。在這個假設之下，報酬率會在平均值與三個標準差之間出現正移動或負移動的機率是 99.97%。這表示報酬率在平均值上移動超越三個標準差的機率為 0.03%，或者是趨近於零。但是，尾端風險的概念是指該分布不是正常的，而是呈現偏態且肥尾分布。肥尾分布會提升一項投資移動超越三個標準差的機率。所以當我們在觀察順勢操作的報酬時，指的就是具有肥尾特徵的分布型態。

好，我知道這些牽涉到統計學了，但你是想對我發牢騷，還是想賺錢？

別讓自己陷入盲目追求降低風險的陷阱裡。想像自己正經營一間以風險為目標的公司，你的工作就是去**找出風險**。不入虎穴，焉得虎子！

群眾的智慧

人們通常認為，只要買進夠多檔股票，並且堅持不賣，那麼自己就是個懂投資的人。但有多少人可以真正做到？曾經有位九十三歲的寡婦直到去世了，親戚才知道她的身價高達 4800 萬美元，她成為千萬富翁的原因，就是因為她實踐了這件事——只買不賣。在她年輕時，只要有錢就買股票。她從來不看財經節目，直到過世了都不曉得自己多麼富有。這是你想要的嗎？我想應該不是吧。

財經節目，包括具指標性的 CNBC 財經頻道，鎖定的都是想更積極致富的人，但卻不一定能助我們一臂之力。更積極投資或交易是種詛咒，尤其是當你不知道自己為什麼要這麼做的時候。對交易幾乎一無所知、靠收看財經頻道而成為富翁的人，機率應該不到百分之一。真正成功的操盤手，不會為了做交易決定而看新聞。

如果你是業外人士（比方說不是在小摩上班的人），而且試著想積極做交易、當沖、波段操作，或者密切追蹤價格檔次，那麼試圖打敗專業將成為你的一大障礙。也許你很有自信，相信自己可以打敗專業人士，但你真的會比其他人更聰明嗎？

打算靠追蹤新聞來積極做交易進而打敗專業人士，我可以保證要實現這個想法將所費不貲。也許你比一般人更

聰明，但這樣還不夠，你必須是個不世出的天才才行，因
為業界有許多優秀且聰明的人，他們二十四小時不停在想
如何從市場牟利致富。不過，至少你還可以透過順勢交易
策略而致富。

　　令哈定不解的是，美國的利率是由政府高層決定的，
而非受到市場力量驅使。

向大師學習

　　我們可以從哈定身上學到的是：結果或實際發生的
事情，無法告訴我們太多資訊，更重要的是過程。

　　當然，大部分的人都是從結果得到結論。

　　他們觀察實際發生的事，然後說：「喔，原來是這
樣發生的，那我可以得出這個或那個結論了。」這種思
維模式幾乎可說是迷信，因為這種方式是不對的做法。
我們都不想為了錯誤原因而做出決定。如果是出於錯誤
原因而做出錯誤決定，那麼那個決定自然無法幫我們增
加財富。

交易是一門科學，而非藝術

多年來，我看到人們討論順勢操盤的成功與可行性。有人抱怨順勢交易只是一種理論，而且任何一種理論都不會是對或錯的。當然，所有理論都是「有條件正確」的，科學家都很清楚用來衡量科學理論是否能吸引人的是實用性，也就是這個科學理論有多好用、多有趣，以及能不能提出吸引人的見解。有無數理論都是提出無聊卻又毫無意義可言的預言。

假如有一個理論給出一項有趣預測，例如水星的運行軌道可能與科學家認知的不一樣，或者可能跟牛頓力學所估計出來的軌道不一樣，那麼這個預測將會引起人們注意。如果這個預測是真的、可以驗證屬實，那該理論將會顛覆科學界的認知。

這告訴我們，如果有件特別有趣的事，而且每個人顯然都非常有興趣，一旦這一件事被完成了，那就會成為《紐約時報》頭版。即便不一定有人了解這件事的關聯性，但每個人都會知道其重要性。正是基於這個基礎，哈定指出：「我認為效率市場假設也很好用。有個對市場的假設是：我們很難打敗市場。這個假設是在說我們其實不見得真的那麼懂市場。這是一個明智且有用的假設，而這個假設將會引領我們虛心地找出方法（打敗市場）。」

巴菲特曾將相信效率市場假說的人，視為就像在牌桌上打橋牌卻不相信自己手上的牌的人。

換句話說，顯然你已經戴上投機者的帽子，而對手是那些不相信要觀察牌面的玩家，或是相信效率市場假說的投資人。如果你想獲得致富機會，這會是一個很好的交易方向。

系統化順勢操盤是真正的致富方式，我無法理解怎麼還有人無視該投資方式的成功，是對效率市場假說的最好駁斥。

保持謙虛

儘管哈定知無不言，但還是有很多沒有說出口的話。他知道如果自己講太多關於順勢交易的事，反而會影響他經營的公司的商業前景。

為何身為一個這麼厲害的人，要鼓勵我們成為下一位億萬富翁呢？他其實沒有責任提倡順勢交易的智慧，或推廣這種交易方式。他沒有打算要贊助順勢交易的學術課程，也不打算培育更多有錢的順勢操盤手。說到底，他只是個想贏得勝利的企業家。

向大師學習

　　身為投資楷模，他們不會忘記投資是一場賭注。投資是一種賭博形式，是在下賭注。投資與賭博很像，都需要運用智力活動，不過你當然不會想賭博，因為根據賭博的概念，十賭九輸。

　　如果一場遊戲的贏錢比率低於 1（賭博的贏錢比率就是），這表示賭的時間越久，輸面就越大。因此，無論是哪一種賭博都沒有圖利空間。

　　但不知為何，有些人反而因此更沉迷賭博。他們想打敗機率，好證明其他人都錯了。遺憾的是，莊家比你更想贏，而且莊家總是能比你和你的錢撐得更久。當然了，小賭怡情，而且人們也知道賭輸不只賠錢，還要賠上自己的好心情。有些人會從極小的勝率中獲得樂趣，由於賭贏使他們感到快樂，所以他們鮮少考慮贏得巨額獎金的機率。如果你打從內心想做不理智的事，並不表示你的行為是不理性的，因為在理論上你不是出於經濟因素而這麼做。但如果你是出於經濟因素去賭博，那麻煩真的大了！

企業家精神

如果你曾經學過拉丁文，應該知道「speculari」的意思是「觀察」。投機者（speculators）雖然經常在媒體上受到抨擊，但他們卻是觀察員。如果你想在市場上圖利，那麼就要成為一名觀察員。你需要從政治及經濟系統（混亂）之外的地方進行觀察，最好的防禦就是從投機操作中獲利，正如金融大鱷索羅斯所說：「這是一個所有人都可以參與其中的遊戲，而且你可以按自己的規則來玩。」

不過一旦你接受自己將成為一名投機客，就要果斷進入這個每個人都可能成功的舞台。哈定的祖母曾告訴他一句話：「耐心與堅持，將使他成為人人崇敬的主教。」

哈定認為：「決心就像一雙翅膀。第一次嘗試失敗了，可以再試一次展翅起飛。就像瑪丹娜曾說過：『我就像隻蟑螂一樣。』」

哈定的意思是，沒有人可以徹底擊敗瑪丹娜。

我希望各位能牢記這些話，尤其在低潮時期。你也許會問：「一旦賺夠了，為什麼還需要繼續堅持下去？」

許多歐洲人會說，如果賺飽了（無論賺了多少錢），就應該去做些對人生有意義的事。但對美國人來說，登頂是件有意義的事，因為山頂就在那兒等著他們去征服。

這是一種很棒的哲理，但卻只適用於美國。在哈定

二十歲從歐洲到美國生活時，讀到美國哲學家艾因‧蘭德（Ayn Rand）的作品。他對蘭德的政治及經濟理念感到震驚，他先前從未接觸過像她這種深具企業家精神的寫作風格，他從來沒見過這些想法。

哈定還受到另一句格言的影響：天生我材必有用。這其實是有宗教信仰的人常會說的話，因為他們認為上帝賦予個人能力，因此個人有責任發揮自身能力。

這並不是件容易辦到的事，因為許多人都會害怕失敗，但在某個程度上，害怕受挫可以成為我們的動力；害怕失敗會讓我們越挫越勇。

世上所有人都有自己擅長的事。哈定擅長分析金融價格動態分布（更冠冕堂皇的說法來形容順勢交易）。他已經跟蹤趨勢二十餘年了，並且累積許多財富。他深信，這是上帝在對他說，他必須做得更多。

Chapter 7

兩種交易策略的較量
別管基本面，
只要有圖表就夠

伯納德・德魯里
Bernard Drury

我們總是伸長脖子等待有人願意分享。投資人最常問的問題就是：「市場接下來會怎麼走？」人們想要的是預測，想聽到能為他們帶來優勢的故事，想聽到一個讓他們能打敗市場上其他人的故事。明天將賣出多少支iPhone 手機、巴西咖啡豆產量是否符合預期，或者美國聯準會將會升息或降息——追蹤這些預測，不會幫助我們致富。

伯納德・德魯里就曾是這類交易者，他早期都帶著這種思維做交易，只是後來才發現順勢交易是條更直接的致富之道。從此他便拋開基本面，所以光是看在這一點的份上，你就應該改變自己的思維——即便你數十年來都習慣想聽故事的思維方式。

德魯里以優異成績畢業於名校達特茅斯學院，並且取得俄文學士學位。他在 1978 年進入路易達孚公司（Louis Dreyfus Corporation）服務，擔任穀物交易員。在接下來的 15 年，德魯里都擔任商業性穀物交易員、穀物市場研究員，以及個人自營交易員。他對這個市場的了解以及他所進行的交易，統統都是出於基本面分析。

穀物交易員和穀物市場研究員究竟是什麼意思？以下文字來自《路透社》，恰好說明如何在穀物市場運用基本面分析：

　　最近美國穀物價格受到外在因素影響，包含美元及原油的價格波動，本周市場將脫離傳統的供需基本面。美國農業部將在本周二早上公布對玉米和大豆的產品預估，將提供大量數據供市場參考，進一步帶動整個星期的價格走勢。美國政府還將首次提供冬麥在去年秋天播種的估計面積。穀物價格的另一個關鍵因素，是南美洲的天氣，現在是巴西和阿根廷農民收割大豆的季節。有分析師認為美國玉米產量會低於早先預測，是因為玉米產期延後，加上中西部冬季氣候不佳，導致農民必須提前結束採收作業，未成熟的玉米則無法採收。分析師估計玉米產量將為 **128.21** 億蒲式耳（**bushel**，美國用來計量玉米的單位），比政府去年 12 月的預測數字少了 1 億蒲式耳。過去一周中西部遭受暴風雪肆虐，大部分農民因為不願冒風險在結冰的路上運送玉米至儲存及加工玉米的設施，而改採用現金交易，致使現金交易的銷售額小幅增加。

　　這類情況會一直出現。過度追蹤這些變化可能會使我們變得瘋狂，但這正是靠基本面做交易的穀物交易員會做的事。你覺得自己也是這樣做交易嗎？如果是，你認為自己需要多久時間蒐集這些專業訊息呢？你可以花多少年的時間這麼做？假如你既聰明又好學，使你具備專業技巧消化吸收基本面資訊，你覺得基本面可以一直告訴你何時是

正確的買進或賣出時間，進而幫你長期獲利嗎？

這就是你面前的難題。

在交易穀物、玉米、小麥以及任何東西，包括英特爾電腦或美元，我們都不希望自己陷入基本面分析的陷阱。基本面分析能提供我們大量數據，但不保證我們真的能靠它賺錢。

傳統的方式

我是在紐約市的耶魯大學俱樂部認識德魯里。雖然我從小在北維吉尼亞郊區長大，可是我從來不知道耶魯大學俱樂部是什麼地方，那是我第一次去到那裡，並且從德魯里口中聽到他獨特的交易理念。

年輕時的他野心勃勃，他能預見自己將在市場上贏得莫大勝利。他看著身邊比他大十歲、十五歲、二十歲的交易員，他很清楚他們都是非常成功、富有又優秀的穀物投機者，而且都是利用基本面獲利的。

於是，德魯里下了很大功夫研究基本面。

他花了二十年時間，累積穀物市場的基本面專業知識。

他非常敬佩那些深入了解產業的專業交易員。可是當

他在芝加哥大學念 EMBA 學位時，他接受行為經濟學家
羅賓‧霍加斯（Robin Hogarth）教授的指導，在不確定性
的決策領域研究方面受到很深的影響。

在讀 EMBA 時，德魯里修過一堂模型建立課程，這
堂課使他對量化研究方法（即順勢交易）更有興趣了。德
魯里解釋：「雖然我是以穀物交易員的資格獲得芝加哥大
學的入學機會，但我已經習慣建立並應用計量經濟學模
式，來評估穀物訂價情況。後來在霍加斯教授的指導之
下，我開始好奇哪些模型或專家系統可以應用在交易等情
況。」

改變

想像你是一位表現出色的交易員，而且你只在一個市
場交易，你交易的產品是玉米或白銀。最大的問題是：只
在一個市場交易的話，很難實踐多元化交易的原則。

在德魯里早期的基金管理職業生涯中，他除了上課之
外，還會替客戶操作 2500 萬美元的資金。可是他的主要
問題在於期貨市場，以及倉位部位和流動性限制。他交易
的穀物種類變得太多了，這表示這個市場對他來說已經不
夠大了，所以他無法明智地做交易，而且過於集中交易也

是他的另一個問題。

　　但是還有另一個更大的問題。身為一個產業的專家，在特定市場——不只限於穀物市場——當價格罕見地發生波動，想利用這種寶貴的優勢進行交易，是很困難的事。技術性順勢操盤系統比較能處理重大的直接價格變動。

　　改變的時候到了，多元化是必然趨勢。

　　但是對德魯里來說，從單一市場專家成為系統化順勢操盤手，並非一蹴可幾之事，所以他在 1994 年進入大宗商品公司（Commodities Corporation）服務，並參與該公司的交易員計畫。

　　大宗商品公司是間以順勢操盤聞名的交易公司，也是交易員育成中心，總部設在紐澤西州普林斯頓市。當時大宗商品公司召聘許多優秀交易員，例如麥克·馬可斯（Michael Marcus）、布魯斯·柯夫納（Bruce Kovner）、愛德·賽可達，以及保羅·都鐸·瓊斯（Paul Tudor Jones）。後來高盛集團（Goldman Sachs）在 1997 年收購大宗商品公司。

　　大宗商品公司一開始也是靠基本面做交易的公司，但最後該公司發現順勢操盤才是真正致富之道。

　　德魯里在大宗商品公司旗下獨立操盤（故事細節可參考我的另一本書《海龜交易特訓班》），可是穀物在 1995 年和 1996 年是牛市，使德魯里終於從基本面交易，

轉變為百分之百的系統化順勢交易策略。

比方說，小麥和玉米正處於大好的牛市景氣中，但光是靠基本面交易還無法贏得足夠勝利。雖然他知道了，卻尚未採取其他動作。

直到賽可達（他在大宗商品公司裡認識賽可達）的出現，才使他成為一位百分之百的順勢交易操盤手。賽可達要求他得更深入地研究技術性交易。

德魯里說：

所以我決定要捨棄那些產業方面的經驗，轉而採用系統化方法。這種系統化方法最大好處就是需要應用非常廣泛的研究、採取一致的方法，以及多元化。

他繼續說：

比方說，假設我們對一項交易規則感到好奇，我們會用它來模擬大約七十種交易工具的投資組合、做交易十五年所得出的數據。如果我們用三或四個系統一起模擬，就可得到更可靠的結果。對一般交易員及基本面交易員來說，很難得到這種研究所帶來的好處。

向大師學習

　　基本面交易員與順勢交易操盤手所採取的決策架構是不同的，所以你必須知道自己是哪一種。

　　以前的德魯里講到穀物市場便滔滔不絕，因為他熱愛那個市場。身為基本面交易者的德魯里，會以廣泛角度談論穀物的價值。比方說假設玉米價格是 2.25 元，而且你覺得價格將會往上走，所以你很可能會得出以下結論：玉米價格可能會跌 0.15 元，也可能會漲 0.6 元。這個風險報酬比很誘人，於是你建立倉位。可是如果價格的起伏只有你預估的一半，你會怎麼做？此時風險與報酬已經發生巨大變化。很可能出現新的資訊，而且有利於你原本的假設，但風險與報酬已經產生變化了。以價值為前提的保守交易者很可能退場，或者根據改變後的機率減少部位。

　　相反地，技術性交易者可能會採取很不一樣的行動，因為他們是以價格為考量。

　　當基本面交易者發現有一個價值的機會時，他可能會認為這個趨勢的開端是正確的，但他們往往很難利用明顯趨勢的優勢。換言之，基本面交易者和順勢交易者所採取的決策架構是不一樣的，所以即便得到相同市場資訊，他們也會採取截然不同的交易行為。從風險的角

度而言，基本面交易者放棄了潛在的大趨勢，反而使自己承擔了風險，也就是說他們試著避開風險，但實際上卻承擔更大的風險。

資料來源：*伯納德・德魯里* **2010** *年在紐約舉辦的* **Opalesque** *全球對沖基金圓桌論壇演講內容。*

德魯里的核心原則

我想分享更多關於德魯里的順勢操盤策略。如第三章和第五章，以下重點提示都是相當實用的箴言，值得大家仔細閱讀並用來實踐順勢交易（以下內容節錄自德魯里與我的電子郵件）。

- **虧損時**（也就是經歷一連串失敗時）**不要任意做出反應**。要根據每天的帳戶價值來計算新增的部位縮放（每筆交易要下注多少才是正確的），因此當你的帳戶價值下滑時，新增部位的規模也會縮小。
- **決定自己要進場或退場**。比方說，假設你在 30 個市場做交易，你要用三分之二的時間來決定每個

市場的部位，剩下的三分之一用來決定退場。這是大概的估算，因為通常還要取決於價格是否正在變動。

- 多年以來，當（模擬）某個產業或市場在一段時間內的表現很不錯，之後就會有一段時間的表現下滑。趨勢像潮汐總是潮起潮落，但與潮汐不同的是，**我們沒辦法預測趨勢**。

- 在**交易前，先計算交易風險**。這件事做起來很簡單，但卻常被忽略。交易部位規模一定要反映出你進場時的市場波動性。

- 我們一定要**在趨勢一開始形成時進場，當趨勢退潮時按照自己的規則有紀律地退場，並且長期維持獲勝的趨勢**。德魯里主要在期貨市場做交易，但你也可以考慮交易指數股票型基金。

財經頻道訪問

學習順勢交易最好方式之一，是檢視那些歷史績效紀錄，包括專業順勢操盤手的年度報酬率（我已經整理許多資料，放在本書附錄 A）。那些就是證據，能帶給你交易的自信心。比方說在 2008 年金融危機時，德魯里的策略

讓他的投資報酬率高達 75.65%，這數字不是共同基金的報酬率。

2008 年年初時，隨著原油價格接近一桶 150 美元，有許多順勢交易者持有原油的多頭部位。在同一時期，金屬和穀物市場價格也很強勢，但到了 7 月底、8 月初時，幾乎所有市場都開始出現反轉趨勢。那時許多順勢交易者，包含德魯里本人，開始從做多轉為做空——因市場下行而賺錢。要記住，無論市場往上或往下走，你都可以有獲利空間。

德魯里在 2008 年大獲全勝，他也罕見地於 2008 年 11 月 13 日，接受 CNBC 財經頻道訪問。CNBC 財經頻道主持人想知道德魯里是如何做到的。這是一個聽起來簡單，實際上很複雜的提問！

他的答案回到了價格數據。他運用順勢交易模型來解讀那些價格數據。他對於原油價格會上漲或下跌沒有任何看法，他只看特定價格配置。德魯里一得到原油市場的進場訊號，便進場做空。他知道原油價格將上漲到一桶 150 美元嗎？不；他知道價格會下跌到 60 美元嗎？不。但鐘擺會朝兩側擺動，所以他要隨波逐流。

順勢交易模型並非未卜先知。沒有人能預測下個月或明年原油價格走向。順勢操盤手要懂得徹底運用趨勢，並且在自己的交易系統中，讓目前的價格數據來告訴你要怎

麼做才好。這表示，我們要活在當下。

危機四伏的時代

　　沒錯，德魯里和我都知道的是，正當其他人因為使用低劣的交易策略而導致慘賠時，順勢交易策略通常能使我們賺進大筆財富。如果再次出現像 2008 年那樣的危機，順勢交易將能創造交易機會，而且是大好機會！比起買黃金，順勢交易是更好的致富方法。我們要成為技術性順勢交易者，並且嚴格遵守風險規則管理投資組合，這麼一來，在景氣轉壞時也會有圖利空間。我們不一定只能乾坐著接受市場價格下跌。

　　你問我是否能說得更清楚點？不妨想一想目前市場上，充斥著對於債券市場崩盤或惡性通膨的擔憂。這有可能發生嗎？當然有。或者，一整天出現通貨緊縮的情況，伴隨利率維持在低點，而債券市場仍強勢走揚。無論是哪種情況發生，用來管理順勢操作的投資組合的程序，都必須基於在任何情況都能有利可圖的規則。套句德魯里的話，順勢操盤手絕不做猜測。

　　更糟糕的是，許多避險基金策略（也就是那些被媒體吹捧的策略）都以一項潛在前提為考量：均值回歸。均值

回歸是指，交易者相信自己已經在延展市場中發現錯價，於是便期望價格會回歸至正常價（無論所謂的正常價是多少）。這正是許多避險基金在做的。但這是永遠不會實現的想法，於是這種想法經常化為一場泡沫。

而順勢交易者的做法剛好與之相反。我們要去找到能使自己持續前進的方向（即：趨勢），就這麼簡單。

贏家會時時調整自己

令人感到有趣的地方在於，我們可從德魯里的職涯，學到能夠幫我們賺錢的真本領。他一開始是依靠基本面做交易，所謂一開始不是指他還是大學生的時候，也不是畢業後的一、兩年時間。他以基本面交易穀物長達十五年有餘，在這十五年來，他的交易市場非常狹窄，只有穀物而已，直到十五年後他發現轉換市場還不算太遲。與其他幾位順勢操盤手相比，他理解順勢操盤的方式很不一樣。我們可從他身上學到一個重點：不是只有從一開始接觸投資就用系統化順勢操盤策略，才能成功。

我們所有人每天都在獲得新的資訊。重點不在於你是否有幸接觸到這本書所提的順勢交易概念，而是現在當你已經知道了順勢交易後，接下來會怎麼做？

Chapter 8

風險管理

系統化交易，確實執行停損

賈斯汀·范德格里夫特
Justin Vandergrift

當開始交易之後，我們能控制的因素只有一個：**你願意損失多少錢**？我們無法控制要獲利多少，無論出於好意還是好心情，我們都不能推算自己的欲望。我們所能做的，就是停損的決定。優秀的交易者會隨時知道自己可以損失多少錢，這也是風險管理的精髓。賈斯汀·范德格里夫特，正是奉行這則紀律而成為一名傑出的順勢操盤手。他的故事和啟示不只能激勵我們，還能幫助我們建立交易的自信心。現在就讓我們努力向他學習，希望有天各位也能成為一位成功的交易者。

好勝心

有的人在很年輕時就開始做交易。想像在你十歲時，叔叔便開始教你關於股票的知識；父親則在你十五歲左右時，告訴你如何買賣期貨（因為他正在交易原糖期貨）。那些交易知識，隨即引起了你的興趣。

你心想，糖不就是我們經常在雜貨店裡，看到的一袋袋 5 磅重的東西，怎麼可能在市場上交易牟利？就算你不需要糖，你會想到自己可以透過買賣糖來致富嗎？我承認，幾年前的我可從沒想過。

范德格十幾歲的時候，已經開始用方格紙繪製價格

走勢圖（當時還沒有電腦製圖）。由於他長期在數字中打滾，所以對數字特別敏感，但這種敏感度在電腦製圖和精美軟體出現後便消失了（戴維斯在第一章時也提出相同觀點）。

范德格後來開始打工，做些包裝雜貨和其他零星工作，為了節省交易費，他開始用父親的帳戶做原糖的交易。可是情況不盡他意，價格的起伏讓他學到慘痛教訓。虧錢實在令人難受，該怎麼找出制勝之道？

畢竟，交易就是為了賺錢。我們都想要獲勝，這也是我們從小被教育的心態。我在大學時期是棒球隊隊員，那時的我非常好勝，總是想著要贏球。可是每個人都跟我一樣對運動充滿熱情嗎？不是的。

范德格是班上年紀最輕的學生，他十七歲就從高中畢業。他不只年紀最輕，而且體型也矮小。他是如何受到激勵？是什麼激發出他的好勝心？比起在運動場上，他知道教室是自己唯一能贏過同學的地方。他知道在十個「四肢發達的男高中生」（他其實在自嘲！）中贏過九個人還算不了什麼，而且他可是要在金融場上拚搏的人。大部分運動員以為只有在運動場上才能激發出真正的動力，可事實是，有很多好勝心強烈的人，根本從未踏進運動場，但這不表示他們就比較不想獲勝。

不管你在生活上、做交易或做任何事的表現如何，我

們都要擁有去獲得勝利、追求卓越，以及打敗競爭對手的
驅動力。如果沒有這番動力，你可以去為那些充滿好勝心
的人工作，然後買進共同基金並且抱著不放，這樣子你的
人生才會更加安穩。

勇於邁出第一步

范德格在北卡羅來納大學就讀時，因為學校圖書館收
藏海量的交易及投資類書籍，所以在大學四年裡他盡可能
閱讀更多相關書籍，以找出自己能在市場上致勝的方法。
他讀了哪些書不是重點，而是他認為無論書本有多薄，每
本書都有一些有幫助、有用處的地方。

他很快注意到，大部分的書都有各自的交易方法或
系統，包括五〇年代出版的書。那些書都提供讀者可以應
用及使用的交易技術，他在讀大學時就買了《超級圖表》
（*SuperCharts*），此書是《交易應用實踐》（*TradeStation*）
的前作。《交易應用實踐》能培養我們建立順勢操作規則，
及測試系統想法的能力。如果你已經有一套交易系統、想
法或方法，而且想要測試看看效果，利用《交易應用實踐》
製作出來的圖可幫助你判斷。假設你的系統是 100 天突破
就進場，以及 100 天突破就退場，而且你想在多個市場測

試看看這個交易系統是否有效，只要利用這本書做檢測，馬上就可得到結果。這樣的實驗可在你真正開始冒險賺錢之前，先幫助你建立自信心。

范德格便是從此開始建立自己的順勢操作系統，但那還不足以支付他的帳單。等大學畢業後，他需要一份工作才行。

然而，光是發送履歷表很難找到一份工作，無論過去還是現在都是一樣的情況，於是他開始展開陌生拜訪。

范德格規定自己每月拜訪一位當地成功的經紀人，而某一次的陌生拜訪，讓他認識當地唯一做大宗商品交易的人。

范德格邀對方一起吃午餐，那位從事大宗商品交易的專業人士卻拒絕他的邀約並告訴他：「如果你真的想做這行，想進入商品期貨市場，你需要先去北卡亨德森維爾山區，拜訪一下這位老紳士。」他繼續說：「你去期貨真相公司（Futures Truth Company），找一位名叫約翰‧希爾（John Hill）的人。」范德格馬上打電話給對方。讓我們暫停幾秒鐘。換作是你，你會怎麼做？立刻打電話，還是再等一下？過個幾天再打？找理由不聯絡？還是乾脆去漢堡王應徵？范德格星期六才畢業，隔周一就開始上班了。他已經準備好，隨時可以開始學習交易方法。

期貨真相公司是希爾創辦的公司，我與范德格第一

次見面就在那裡。這是一間專門排名和評估交易系統的公司，是范德格心目中的理想工作，他在那裡能看到許多有效的交易系統，以及不管用的交易系統。許多系統行不通都是因為一個主要原因，那就是缺乏風險控管。而那些非常成功的交易系統都具有共同的交易規則（沒錯，那些交易系統在所有市場都行得通），也都有風險控管（沒錯，千萬不可孤注一擲）。

我們可以發現許多通用的順勢交易操盤技術：高點／低點突破、單一移動平均線交叉、複合移動平均線交叉，以及布林通道突破。

除了之前提過的順勢交易突破，這裡還要介紹其他幾個基本順勢交易系統。

- 移動平均線（Moving average）：這個技術指標能指出一檔有價證券價格，在一段時間內的平均值。因此，這項指標可用來辨別趨勢，以及減少價格波動。當較短期（快）的移動平均線向上超越較長期（慢）的移動平均線時，這個使用兩個移動平均線的交易系統將發出買進訊號；當較短期的移動平均線向下超越較長期的移動平均線時，則會發出賣出訊號。系統速度及產生訊號的數量，將取決於移動平均線的長度。

以計算 50 天簡單移動平均線（SMA）為例，算法是先加總最近 50 個收盤價格，然後將總數除以 50。雖然還有其他更複雜的方式可計算移動平均線，但簡單移動平均線是最常用的方法。常用的周期為 20 天和 50 天，不過 50 天和 200 天也很常見。

- 布林通道（Bollinger Bands）：這種技術分析工具，是由約翰·布林格（John Bollinger）所發明的。基本上，這是一組基於市場價格所形成的三條軌道。中線用來評估中期趨勢，通常是價格的簡單移動平均線，因此會成為上線和下線的底部。上下線與中線之間的區間由價格波動來決定，因此通常會使用與計算平均數為同一批價格數據的標準差。一般而言，參數的設定是 20 日及兩個標準差，但也可依照需求自行調整。

不同的順勢進場及退場技術各有差異，但大部分進場和退場訊號都發生在差不多的時間點。**當進場訊號出現時，不要太興奮**。交易新手容易過度注意進退場訊號，卻忽略了那些只是一小部分的成功因素，並無法使他們成為傑出順勢操盤手。

更重要的是什麼？比起擔心自己能不能完美切入市場，**資金管理**更是至關重要。為什麼？因為我們的金錢有

限！那麼，一筆交易要投入多少金額才正確？要回答這個問題，就要回到風險身上，所以我才會一再提到風險的重要性。

風險創造獲利，如果沒有風險，就不存在交易的動機。更直白地說，一筆簡單的交易賺不了錢，因此你必須盡全力控管交易風險。

范德格很早就學到教訓，所以過不了多久便離開期貨真相公司。

他萌生創業念頭。

確實執行交易系統

想要有紀律地交易致富，唯一的方式就是透過系統化交易。

大部分散戶會翻車，或者撐不了多久便結束交易生涯的原因，都是因為沒有紀律地堅持執行自己的交易系統。他們總想賺快錢，甚至一步登天。

令人難過的是，每年有無數人因為犯了基本錯誤，導致交易帳戶關閉。

什麼是最常犯的錯誤？你做了一筆交易，一進場就已經開始虧錢，可是你卻告訴自己繼續持有，因為相信以後

能替你賺錢，並且走勢也會照著你心想的方向發展。結果到了最後，你持有標的太久，以致錯過交易時機，但標的的價格有漲回來嗎？不，並沒有。

交易系統要屏除感性因素。交易系統裡不該存有希望和欲望，所以就讓系統去做必須做的事，船到橋頭自然直，而這就是成功的過程。

范德格與許多順勢操盤手經過深入研究後都發現，真正管用的系統是追隨長期趨勢。

然而，直到范德格把資金管理加入自己的交易系統公式裡，才是他真正頓悟的時刻。

大部分的人會說他們是順勢交易者，他們所做的跟蹤趨勢就是盯著 100 天移動平均線或者布林通道系統——也就是前面提到的兩種交易系統。但那些系統都少了資金管理計畫。

為了更清楚解釋資金管理的重要性，我用一個例子說明。

在離范德格所在的地方不遠處有群交易者，他們組成一間資金管理公司。某一天，他們收到知名金融刊物《期貨雜誌》（*Futures Magazine*）頒發的「年度交易者獎」。

范德格跟他們的交情不錯，也看著他們做交易。他注意到他們以一張期貨契約交易獲得 10 年期美國公債票據，以及以一張期貨契約交易獲得歐元。他心想：「這是在開

玩笑吧，為什麼要那麼做？光以保證金比例來說，10 年
期票據是歐元契約的三倍。為何不用 3 歐元，換一張 10
年期公債票據？」

　　換作是你，會怎麼做？試著找出差異，或者你有其他
想法？范德格拿起話筒打給他們，問他們為什麼不在所有
市場裡都做風險控管。

　　他們聽了便立刻打斷他，並說道：「這就是我們的交
易方式，我們不認為有問題，就這樣。」

　　這就是問題發生的開始。不久之後，范德格注意到他
們的交易程序崩潰了。從風險的角度來看，他知道同等看
待每一個交易市場的風險管理是成功關鍵。絕不可偏重任
何一個市場，但這就是那家資金管理公司的做法，也是他
們會失敗的原因。觀察某個人逐漸走向破產的過程，是相
當有教育意義的事。

　　就某種層面上來說，就近觀察破產的經驗，讓范德
格有機會成為一名更成熟的順勢操盤手。如果那間公司沒
有經歷苦難，他也許不會深入研究並相信資金管理的重要
性。他甚至可能會經歷同樣的經驗，然後才得到跟他們一
樣的教訓。

向大師學習

　　如果你有一組投資組合，而且你收到順勢操作的進場訊號，每筆交易所投入的金額風險一定要是等量的，這樣才有可能成功。忽略這個交易智慧，只會讓你暴露在破產的風險之中。

　　再以這種交易系統為例，假設你開始在兩個市場做交易。在第一個市場中，風險的金額訂為 1000 美元；在第二個市場中，風險的金額為 250 美元。為了管理這些交易以及維持等量風險，你會在第一個市場交易 1 張期貨契約，在第二個市場交易 4 張契約。你不會偏好其中一個市場。如果你同時交易多個市場，比方說穀物和貨幣市場，維持等量風險就非常重要，尤其是在期貨市場。在大部分的時候，穀物契約的金額會比較小，也就是說穀物契約的資本比大部分的貨幣交易更少。如果你不交易多一些玉米契約，來平衡金額較大的貨幣交易，那麼從風險的角度來說，你的交易重心會逐漸偏重貨幣，而輕忽穀物契約的風險。

為什麼做投資只為賺得平均報酬？

你的目標是什麼？你想要什麼？你想賺多少財富？

范德格曾坦言：「要是我明天就會死，人們會因為我的平均年報酬率的標準差，與年化報酬率相關而記住我嗎？不，他們會記得我，是因為我的交易創造出來的財富，那就是我所有的動力來源。我做的交易不是沒有人能懂的某種晦澀難解的統計方法，我想讓大家都能賺錢，大家都可以改變自己的生活。」

你交易的動機是什麼？除了賺大錢之外，還有其他理由嗎？如果有，現在先停止做交易。

為使我們達到一定程度的自信心與滿足感，我們一定要向他人學習。

我從順勢操盤大師比爾‧鄧恩身上學到太多。范德格也從鄧恩那裡得到相似的學習經驗。他的學習材料，來自鄧恩的交易紀錄和每個月的績效數字（請參考 www.dunncapital.com 所公布的資料），還會大量閱讀《期貨雜誌》每一篇文章，以及好幾本熱門的技術交易期刊。

鄧恩擁有堅定自信心，相信自己的順勢交易系統很管用，而且他也擁有堅持到底的能耐，於是在七〇年代，他證明了只要努力想擊出全壘打，有一天一定會辦得到。不過鄧恩不只是擊出全壘打，而是一支滿貫全壘打。事實

擺在我們眼前，他一直表現優秀，而且始終拿出最好的表現。

認同范德格的信念，以及認同鄧恩的交易紀錄，要做到這兩件事並不容易。有太多東西會令我們分心，忘了要去實現我們真正的目標。看一看財經頻道每天播放的節目，都在談論現今表現最火熱的股票：「這檔你非買不可。」「那檔你怎麼可以錯過？」無論那些名嘴談論哪一檔股票，卻沒有人會定期提醒大家，那斯達克綜合指數正在經歷十年期的回撤。沒有人想要分享，自從上一個十年開始鼓勵大眾買進並持有共同基金之後，標普 500 指數已經回歸到幾乎零成長了。

那不叫跟蹤趨勢，那已經不是平均，而是遠離平均。

范德格曾談論過平均的話題。那一次，他遇到一位非常成功的名醫。那位醫生不停提到指數投資與標普 500 指數。范德格忍不住打斷他：「你在讀醫學院的時候，有想過只要平均成績拿到 C，剛好達到畢業門檻就可以了嗎？」那位醫生說：「當然不。」范德格回答：「你希望送你的孩子去 C 等學校念書嗎？」他說：「當然不會。」范德格對他說：「那你為什麼要這樣對待你的錢？標普 500 指數是平均數，是美國五百大公司所組成的指數。那只是一個平均數，而是還是一個 C 等指數。你為什麼做投資，卻只為賺得平均報酬？」

　　想成為一名順勢操盤手，這是最重要的問題之一，但當然還不只這個問題要回答。

聚沙成塔，複利效果

　　高於平均的報酬，始於**複利**。

　　你知道在美國，有錢人和窮人的差距是多少嗎？三個百分點，僅此而已。若以年報酬率 12%，每月複利的條件為例，經過 30 年的投資之後，也就是平均每人的工作年數，投資的每 1 塊錢，將帶來 35.94 美元的價值。

　　若以年報酬率 15%，每月複利為例，同樣經過 30 年，你猜猜報酬率的差別會是多少？你的報酬會更好 10%，還是 50%？不，所投資的每 1 塊錢，將帶給來 87.54 美元的價值，也就是跟年報酬率 12% 的條件相比有 143% 的差別。

　　雖然富人與窮人的差別只有三個百分點，但經過 30 年的複利，將會形成莫大鴻溝。這就是為什麼我們必須追求更高的報酬，即便只增加兩個百分點，日後也能帶來巨大改變。

Chapter 9

你不可能無所不知

趨勢跟蹤對股市投資同樣有效

艾瑞克・克里坦登
Eric Crittenden

柯爾・威考克斯
Cole Wilcox

不可知論（Agnosticism）的精髓，在於對任何事物都抱持不可知的態度，而且絕不對不知道的事物賦予堅定信念。

我已經很習慣自己抱持著**在所有市場中，無論趨勢向上或向下都有圖利空間**的概念，以至於有時會忘記這個概念對一般交易者或投資人來說，有多陌生。市場趨勢就像一輛雲霄飛車，一會兒仰衝，一會兒俯衝，也會一再往上漲，或者一再走跌──而且無法預測何時會上漲或下跌。順勢操作的基本原則就是**等待**，直到價格朝一個方向前進（無論是往哪個方向），然後我們再跟隨之。艾瑞克・克里坦登與柯爾・威考克斯，便是徹底執行這一順勢交易原則的經典人物。

多年來，許多避險基金、商品交易顧問、自營交易員以及全球宏觀基金（global macro fund）都已經成功運用順勢交易策略，在全球期貨市場做交易，而且獲利豐厚。

然而，卻很少有應用順勢交易策略操作個股的相關研究（即便人們早在一百年前就開始利用順勢交易做股票交易）。

當然，有許多股票交易指數已經存在好幾十年了，但以趨勢買賣個股，卻不太受到關注。

克里坦登與威考克斯注意到，居然沒有公開發行公司會運用順勢操作策略來交易個股，而他們實在想不透背後

的原因是什麼。

　　他們認為世上很多財富都是靠順勢累積而來的，所以更沒理由不跟蹤趨勢。

　　他們設計了一套股票的趨勢跟蹤法，該方法的基本原則是**當股價突破時買進，之後隨股價波動並達到移動停損時獲利了結。**

　　為讓這個方法發揮作用，必須先釐清風險與報酬之間的關係，進而穩操勝券。

　　我們得把自己視為一位專業的投機客，不論政府還是媒體如何抨擊投機客所做的交易都是愚蠢的交易。投機是我們的核心信念，而且為了在自由的市場上設定價格，投機是必要之舉。少了這個信念，我們無法獲得成功。

　　而身為一名投機者，價格行為（price action，指圖表上的價格運動）或價格波動才是重點，因為對帳單上唯一會秀出來的資料就是價格。相信較不具體的事物（比方說買進持有、指數投資等），就像特別容易上癮且所費不貲的毒品，特別是當一大群人都持有相同意見時，想成為一名成功的投資者或投機者，就必須打從心底強烈懷疑這樣的現象，因為若想獲得長期勝利，我們都不應該成為其中一員。

向大師學習

　　順勢交易也可以用來交易股票，而且這兩位男士還曾發表過一篇論文，名叫〈順勢交易策略可以適用於股市嗎？〉（Does Trend Following Work on Stocks?），所以還有誰比他們更適合告訴我們該如何順勢操作股票呢？從那篇論文標題，就已經看得出他們的策略輪廓。他們所使用的指標為 10 日 ATR 指標，ATR 是指「平均真實區間」（average true range）。真實區間指的是股價在某一天的波動，就像標準差一樣，但它還包含股價的缺口——該檔股票的價格是向上跳空，還是跳空下跌。比方說，奇異電子（紐約證交所上市，交易代號：GE）的平均真實區間現在也許是 0.80 美元。這是很普通的日常波動，包含股價缺口。所以他們把奇異的 ATR 乘以 10，並從買入價開始追蹤股價，當時他們的買入價是創新高。對於一般的股票來說，他們的停損點平均設定在 28％至 30％；對於劇烈波動的股票，停損點可能是 50％；至於平靜波動的股票，停損點大約是 10％或 12％左右。利用平均真實區間來衡量股價波動範圍，並依據每檔股票的波動範圍來調整自己的停損點。這就是與直覺正好相反的交易系統，也是我們都需要的思維模式。

從零開始

威考克斯原本是個窮小子，家庭並不富裕，所以生存成為他最關注的問題。他沒有一位富爸爸在身後撐腰。

在他的第一份經紀人工作中，他抓住成功交易的機會，並且生存下來。他很清楚，萬一自己失敗了，沒有人會提供資金給他。他知道一定要替客戶賺錢，於是他總是付出百分之百的努力，不容許自己鬆懈下來。當時他還只是一個十九歲的大男孩，他懂的事並不多，只知道自己不可以浪費時間，也無力承擔失敗風險。

他有個處世哲學，也許可給各位當借鏡：威考克斯從不輕信別人告訴他的話，他願意不顧後果，也要問出事情的真相，儘管他還未成年。

克里坦登畢業後的第一份工作是教書，他在高中教商用數學、資料庫程式設計，以及試算表程式設計。不過他很快便轉換跑道。堪薩斯州有一個富裕的家族企業在威齊托市成立辦公室，並提供一份相當高薪的工作給克里坦登，所以他的教職生涯結束了。

這個家族生財有道，在 1996 年用 2.5 億美元成立公司，後來該公司資金成長到 9 億美元，克里坦登就是在那時開始進入這間公司服務，而當時也是網際網路泡泡快速增長時期。

　　然而好景不常。對一些人而言，有時當他們賺到某種程度的財富時，便開始想從事些不同的投資交易。克里坦登樂於見到事態惡化，這樣他才能夠幫忙評估他們接下來的對策。他坦言：「這些人還真的對風險管理一點都不感興趣。」

　　他試著向他們解釋有可能在短期內會虧錢的情況，可他們不想聽，他們要克里坦登鼓勵他們不要氣餒，他們要的不是一位風險控管經理。

　　終於，市場在 2000 年開始走下坡，於是這個富裕的家族企業開始加大財務槓桿。他們剛開始操作槓桿時，虧損數字迅速下降，可還是沒有賣掉虧損部位，甚至還賣掉獲利部位，以釋放資金來重新抱注資金到虧損部位。克里坦登察覺大禍將至：「不，別這麼做，你們會因此失去一切。」

　　這個家族企業的風格發生變化，使他們變成不同的人了。他們在趨勢向上時為人善良又懂分寸；但當趨勢下跌時，這些特質便消失了。他們的心態受到影響，這時候他們想把錢賺回來，但卻失敗。

　　看著那一來一回的雙重受創，讓旁觀的克里坦登深受影響。

　　既然無法介入，他便寫了一封信給這家企業，針砭他們過度操作風險。如果他想在這家企業爭權奪勢，寫這封

信（一封含有「道不同不相為謀」意味的信）實在不是明智之舉。

顯然，克里坦登和威考克斯都對工作有所不滿，他們是時候成立一家自己的公司。那時克里坦離開堪薩斯州的家族企業，他決定跟隨齊柏林飛船的那首歌〈去向加州〉（*Going to California*）的冒險精神重新出發。途中他到亞利桑那州去探視母親。他很喜歡那個地方，於是決定留下。後來他開始發求職信，但世界就是這麼小，他的求職信送到在證券經紀公司任職的威考克斯桌上。

向交易贏家學習

克里坦登記得第一次到威考克斯的辦公室見面時，看到他的襯衫沒紮，脖子上掛著一副耳機。他看起來就像剛跟著名拳擊手喬治・福爾曼（George Foreman）或某個拳擊好手對打十二局之後，急需補充水分的樣子。克里坦登心想：「這就是他平常時候的樣子嗎？」那這可不是他想要的工作型態。

不過那次他們相談甚歡，還決定一起合作專案來驗證或推翻一些代代相傳的經典華爾街理論和公理。他們最終想解答的問題是：那些理論和公理管不管用？

他們所檢驗的交易概念都不管用，沒有任何一種理論能一概適用。

那麼，如果沒有管用的交易方法，誰會有呢？而這便成為他們的下個提問。

於是，他們開始篩選一些交易贏家，他們第一個有興趣了解且想向其學習的大師，就是以順勢交易聞名的薩勒姆・亞伯拉罕（Salem Abraham）。

他們在 2002 年初認識亞伯拉罕，並且第一次接觸順勢交易的概念（如果想更了解這位順勢交易大師的事蹟，推薦看我的另一本書《海龜交易特訓班》）。他們花了好些時間研讀他的公開文件（這也是我早期學到的方法之一）、閱讀跟他有關的文章，藉此深度剖析他的贏利致富之道。

他們持續研讀更多順勢交易前輩的系統化交易法，包括在本書前幾章提到的幾位順勢操盤手。令我驚訝的是，他們也有拜訪過我的網站 TurtleTrader.com，他們告訴我這個網站對他們的研究帶來莫大幫助。

此外，有些數據庫會發送順勢交易專家的績效報告書，他們有訂閱那些數據庫，並且對那些操盤手進行量化和質化研究。他們的做法與我很像，會盡可能去拜訪更多順勢操盤手。有餘裕時，他們願意不辭千里去進修（到如今還認為只要靠寄幾封信或寫寫電子郵件，就足夠引起交

易大師興趣的讀者，該醒醒了）。

他們發現，過去的順勢交易大師都不會只關注單一個股——他們通常會在期貨市場上交易股價指數。這是他們開始多年研究計畫的樞軸點（pivot point），藉此確定運用系統化跟蹤趨勢策略來操作股票，是可行的。

我做錯了嗎？

他們的研究，跟我們的交易有什麼關係？雖然上述說的都是他們的過往，但他們的過往也能成為我們成功的途徑。他們從不著迷於做對的事，他們更感興趣的是**自己不要做錯**。比方說，威考克斯會常問：「我做錯了嗎？」，而他卻看到別人都在問：「我做對了嗎？」如果我們沒有像科學家一樣出於真正的好奇心來提出正確的探索性問題，我們就無法得出正確答案，對吧？

人生中所有成功都是經過試驗和犯錯。你得嘗試做做看，觀察結果並刪除不管用的地方，紙上談兵不能證明任何事。我們要做的，就是假設理論並不成立，然後再利用大量證據去駁斥假設。如果哪天可看到知名財經節目主持人喬‧克南（Joe Kernen）在 CNBC 財經頻道上也能這麼主張，不是很好嗎？

向大師學習

報酬變動是好事。

不妨將這句話寫下來。在這個「行業」裡，大部分的人都會失敗。

絕大多數的專業財務經理都無法超越市場表現，所以如果你察覺自己正在做會使大部分的人感到輕鬆的事，那麼就要接受大部分的人會得到的結果，也就是失敗。我們必須做些違反直覺的事，這就是克里坦登和威考克斯的做法，因為他們發現只有少數幾檔股票能產生整個市場報酬，而且那些股票只有一個共通點：**長期維持創新高的趨向。**

於是從數學上來說，我們的做法應該要與大部分的人相反，否則就不可能做得比他們更好。大部分的人都會受到高勝率的吸引，他們追求的是低虧損、低波動，他們之所以會追求低虧損與低波動，是因為那些都是穩健的徵兆——或者至少他們認為那些徵兆代表穩健。不幸的是，他們過於看重那些徵兆，而忽略了實際成果。而且，有很多人為了享受他們認為代表穩健的投資而付出高昂代價。你必須做與他們相反的交易，那就是**高報酬、低勝率**的交易，或換個方式說——變動的報酬，而這個做法是管用的。

克里坦登和威考克斯並沒有使用安全邊際，取而代之的是尋求各導師的指導，藉此確保他們成功。當時有位住在鳳凰城且順勢操盤非常成功的交易大師湯姆・巴索（Tom Basso）提供種子資金給他們，後來他們創立公司時巴索也受邀成為合夥人。曾看過財經作家傑克・史瓦格（Jack Schwager）經典著作《新金融怪傑》的讀者，也許對巴索的事蹟有些印象。

　　巴索欣賞他們的想法，並為他們指引方向。他曾說：「去找這些人談談，他們都很厲害。還有，避開那裡的那些人。」這句話聽起來簡單，但當有好幾十年經驗的人為你指引正確方向時，你就能夠了解為什麼他具備與常人不同的智慧。你會照單收下，不去驗證嗎？當然不行，但是他們都是好幾年來表現超越市場的交易者，他們將能為你的交易生涯省下更多時間。為什麼傳奇棒球教練喬・托瑞（Joe Torre）的專業，對往後想成為球團總教練的人來說很珍貴？因為他曾是球員，他曾跟球員做過一樣的事。喔，我相信你也可以靠自己從零開始打拚，但為什麼不利用學習曲線抄捷徑？這正是我撰寫本書的目的——讓你可以更快領略順勢交易精髓。

學校不教怎麼賺錢

克里坦登和威考克斯早期做交易時，從巴索那裡學到幾堂重要教訓。巴索直言不諱：「做法很簡單，一邊持有賺錢部位，另一邊有紀律地淘汰虧損部位。市場給你的，你就拿走，這樣就能在這一行裡獲得成功。」

克里坦登補充：「第一，不可以超額下注。第二，多元投資多個市場。你也許看過有人績效良好，而且他只有長期交易標普 500 指數。但這類交易者無法走得長久。」

如果我們找到一個業餘人士，提供給他一筆資金但不給他任何指令，並且請他用這筆錢開始交易，他將會賣掉賺錢部位，並且加倍投資虧損部位。為了努力爭取更高勝率，他的虧損部位會比賺錢部位更大。而且經過一段時間後，他的帳戶價值將等於零。

在學校也無法學到正確的交易方法。威考克斯說：「大學裡有很多高聳的建築物，裡面有各系所、教授，以及許多在裡面上班的人。但我們必須創建自己的順勢交易大學。」

其實不會有任何課程或大學，教你如何成為一位成功的投資者，真的不會有。這種課程不存在，也沒有人提供這方面的教育。學校教的事，無論他們教學生什麼，都無法使我們成為成功的投資者，學校也不會教我們如何賺

錢，或者如何創造豐碩報酬。

讓我老實說吧，學校會教我們如何適應現有系統。所以你真正需要問的問題是：「對我來說，什麼才是正確的系統？」絕大部分的人只是接受現況，他們只想拿到學位，並按部就班地做交易。等到他們職涯結束時，他們只能帶著這種往後退的思維模式，把辦公室座位收拾乾淨，然後打包回家。畢竟，英國電視影集《辦公室風雲》（*The Office*）就是因為太寫實的關係而大受觀眾歡迎。

克里坦登和威考克斯向來秉持一貫做法，那就是檢視自己的交易系統並問：「這樣是做對，還是做錯？」大部分的人都不會這麼做。如果有學生在上課時舉手並提出相反意見，老師通常會要學生閉嘴並按照講義學習就好。許多老師不會帶動討論，也不會建立思考體系，他們總是自負地傳授知識。畢竟，那是個不容許有異議的系統，而他們自己也只是那個系統中的齒輪罷了。

清楚知道自己的策略

威考克斯對於如今過熱的黃金投資，提出他個人的反直覺想法。「從技術上來說，買黃金是一種策略，黃金不只是一種交易工具。如果我們在電視上看到黃金的廣告，

告訴我們要買黃金，而你真的照廣告所說買了黃金，就表示你同意某一種策略。要知道，那個策略不一定有出場點，這可不是什麼小問題。許多人聽到要買黃金的聲音，於是便假設自己已經具備策略來應對黃金價格下跌。所以只要當我們聽到要買入黃金的聲音時，一個真正要思考的問題就是：然後呢？」

遺憾的是，人們在做決策時只關心報酬，從不關心他們做的事背後有哪些風險成分。

比方說當你買入任何投資商品，例如黃金，如果你不明白什麼因素促使你賣出，你就是無法了解該商品的風險成分，因為其風險未能被定義出來。假如我說我將要以 X 價格買入、以 Y 價格賣出，如此一來我就可以決定要投入 X 元做這項交易。萬一價格下跌讓我開始虧錢，數字相減之後就會是某個虧損金額。**為了解風險，我們需要先匡列出風險。**然而只是買入黃金，沒有設立出場點，我們就無法匡列任何資訊。如今的黃金市場是不是有很多人在裡面裸泳呢？你想的一點都沒錯！

我們要銘記在心的是，絕不要天天關注交易的報酬。只要做好趨勢跟蹤，無論什麼時候都能維持這種心態。**在了解自己的出場策略前，不必決定要分配多少資金，也不可以做投資決策。**

一旦建立部位，我們只能控制自己在何時出場。**我們**

無法控制將來發生的事，只能控制自己的反應。

未來從不在我們的控制範圍之內。無論做了哪些分析，也無法控制將來發生的事。那麼為什麼要浪費時間和精力，去預測完全無法掌控的結果呢？沒有人能知道將來，所以別擔心那些西裝筆挺上電視節目的人會知道你所不知道的事。

還有，要是為了在短期內獲得更高報酬而承擔太大風險，那將等於種下長期災難的種子。承擔過度風險會吃掉你的資金，甚至使你回到濟貧院。不過，所謂的短期很可能是十年，只是你不知道而已。短期也可能是一周，但無論短期是多久，我們都不想要一年、五年或十年的投資化為流水，你說是嗎？

最重要的是，我們要對抗的是人類在做決策時本來就帶有的偏見，也就是**偏重報酬結果**。假使有位學生拿到「優等」成績，顯然他很聰明，對吧？至少，「優等」成績的意味是如此。假使有位財務經理的績效很好，而且得到五星評比，他很厲害，對吧？然而那可不一定。我們怎麼可能知道他厲不厲害？我們必須先看過他產生報酬結果的過程，才能夠評價他的表現。如果不這麼做，我們既沒有評比標準，對所有事情也等於一無所知。

請把這想法，記在你自己的順勢交易筆記本裡。

Chapter 10

每個市場都管用的操盤術

有效的量化模型，贏家的完勝利器

麥可·克拉克
Michael Clarke

TREND FOLLOWING

大部分的人第一次接觸交易時總會想：「我要如何從大豆、黃金、小麥、蘋果公司股票、日圓以及瑞士法郎交易獲利？」在初學者眼中，那些市場似乎沒什麼共通之處。但如果能往後站一步，分析這些商品的價格數據，你會發現它們的確都有一個關鍵的共通點。

瞇起你的雙眼，想像牆上掛了一張價格圖表。假使你還不知道這張圖表的名稱，那麼它就僅只是一張圖表。如果我們能把圖表名稱統統拿掉，所有圖表看起來不都長得一樣嗎？所以我們真的應該在意原油價格背後的經濟學嗎？還是我們只需藉由趨勢賺錢，比方說獲得 25％ 的報酬？假使獲利 25％ 是來自交易大豆或巴西里奧（巴西貨幣名稱）──為什麼需要那麼在意那 25％ 報酬是從何而來？

這就是為什麼，我們必須了解麥可‧克拉克這個人，以及他的投資智慧。

沒有人會喜歡那種模樣的人

近二十年以來，克拉克已經為他的客戶交易好幾億美元。他為客戶創造的淨利率之高，沒有投資者曾埋怨過他。

哪些是他的成功交易實例呢？在 2008 年夏季，當時原油價格大約在 140 美元徘徊，於是他開始做空。後來他隨著原油價格走跌一路做空，直到價格跌至 80 美元之前才出場，這段期間的跌勢使他賺了一大筆獲利。他是石油專家嗎？不，而且當時也沒有其他順勢操盤手在交易原油。他是石油輸出國組織（OPEC）政策的專家嗎？當時中東地區緊張情緒升溫嗎？都沒有，跟專業一點關係都沒有。

克拉克起初也不是一位順勢交易者。

在 1967 年，當時還是大學生的克拉克已經開始寫程式，他已經在用數字來思考了：「那時我想找出數字 1 到 5 的所有可能組合，於是寫了一組簡單的程式。」他設計出帶有一個小迴圈的程式，迴圈中又有另一個迴圈，於是他意識到每個迴圈中的迴圈，就是程式設計的成功基石。克拉克此刻頓悟了！

他心想：「哎呀，也太酷了吧！程式設計真的很有趣又具有挑戰性，而且會讓人動腦思考。」這次的領悟，使克拉克陷入寫程式的遊戲中，而且他即將在交易領域，運用這種思維過程。

毫無意外地，他的第一份工作是擔任軟體開發工程師。

他說：「我熱愛挑戰為不同產業的公司，尤其是製造

業開發整合式軟體解決方案。設計系統來處理各種功能，比方說採購原物料、將原物料組合在一起、出售產品，然後收取銷售款項，這是一個複雜流程。這個系統必須流暢地處理兩大需求，一是所有東西該如何組合的整體概念，二是執行系統的細節。」

正如一般人都可能經歷過的，克拉克也曾試著當一名上班族。

就讀大學時期，他曾參加程式設計比賽，並且得到第一名殊榮。獲勝的獎勵包括寶僑公司（Procter & Gamble）的工作機會（寶僑公司位於俄亥俄州辛辛那提，聽過這間公司的人都知道這是一份不可多得的機會）。他只需按照流程完成面試，就可得到那份工作，他已經取得進入職場的門票了，但當時他還有一點「野」——蓄長髮，且騎摩托車。

他參加面試，但沒有穿戴整齊，「白襯衫和領帶」是寶僑公司的核心精神。克拉克面試後，對方認為沒有適合他的工作，他聽見背後有人說：「沒有人會喜歡那種模樣的人。」

他知道是時候嘗試別的了。

簡單，卻可以賺錢的成功竅門

　　不久，華爾街向他招手，他知道那裡才是賺大錢的地方。可是克拉克還不是該地最頂尖的銷售員，後來 1987 年股市大跌，以及 1989 年小型恐慌降臨，使他開始尋找機會。

　　問題是：他無法說服別人相信，他知道自己在做什麼。於是他開始研究交易系統。他本來有購買「System Writer Plus」套裝交易軟體，來測試自己的買賣想法（後來這套軟體造就了現在的知名交易軟體「TradeStation」），可是他發現這套軟體無法滿足自己的想法。因此，克拉克只好硬著頭皮開發自己的交易系統測試平台。他也從而開發出自己的能力，使他可以從零開始測試交易系統構想。

　　克拉克讀過許多關於交易的書籍，但是他第一次看到詳細描述順勢交易系統的書籍，是投資專家布魯斯‧巴布科克（Bruce Babcock）所著的《高級技術分析》（*The Business One Irwin Guide to Trading Systems*）。順勢交易是作者一開始採用的交易方法，巴布科克形容這個系統不管放在哪一個市場上，都可以賺錢。順勢交易是非常穩健的系統，可量化也可以系統化，而且重點是它能發揮作用。這個發現讓克拉克恍然大悟，這本書揭露了一些簡單，卻可以賺錢的規則。

　　為什麼順勢交易系統能發揮效用？這個問題沒有最佳解答，而且克拉克也明白。他只知道順勢交易系統已經管用很長一段時間了。

　　可是很多人無法理解，他們會說：「最近銅的表現如何？」「你覺得明天銅的走勢有什麼看法？」「銅已經在牛市了嗎？」「你知道最近發生什麼事嗎？」人們都只想聽故事。

　　上述問題，順勢交易者不知道，克拉克也不知道。雖然克拉克嘴上這麼說，他還是會詢問那些心存懷疑者需不需要一些意見。但這一些都要歸功於成功的交易模式，是他堅持按照自己的順勢交易模型做交易：「沒必要做預測，因為猜中或猜不中的機率各半。我們只要追隨模型即可。」

　　「這是我個人的意見，但是……」這種類型的意見，取代不了交易系統模型。

用系統做交易

　　如果克拉克的順勢交易模型說：「退出這個市場。」那麼他就會照做，他從不跟自己的交易系統唱反調。千萬不要跟自己的交易系統唱反調。

　　克拉克所做的一切，都編寫進自己的軟體中。當然，你需要進行大量研究，才能建立出自己滿意的順勢交易系統，但一旦系統建立起來，並編寫進你自己的交易規則，你只需跟隨系統所說的去做就好。這一切完全跟基本面無關——不需要閱讀穀物報告、不需要觀察聯準會動向、不需要看 OPEC 新聞、不用管失業率報告。你當然可以把基本面編寫進交易模型裡，但克拉克沒有選擇那條路，所以你也不要踏上那條路。

　　克拉克建立了管用的系統之後，他告訴自己：「這是一個很出色的系統，我可以用它來與專業操盤手一較高下。」

　　以上就是簡短而溫馨的，克拉克成為專業順勢交易者的故事。他的故事一點也不高潮迭起，但卻建構在金錢帝國之上。時至今日，他還活躍於交易市場的唯一原因，就是他能從交易中得到快樂。我們絕不可以低估一個成功方程式中，個人熱情的顯著占比。然而到底所謂的成功對他來說意味著什麼？對他來說，成功的其中一個面向是，他一直以來都在伊利諾州欣斯代爾郊區的家中操盤，距芝加哥市中心約二十五英哩。不管在哪都可以做交易嗎？沒錯，當然可以。在印尼可以嗎？可以。新加坡？可以。任何地方？沒錯。

　　我們可以從克拉克身上學到什麼，來幫助我們累積帳

戶餘額呢？

　　我們要找的，是長期維持穩健表現的順勢交易模型，而且我們要能接受在長達兩年之內，這個模型表現平平或繳出差勁表現。在**一個好的模型中，使它成功運作的原則可能在一段期間不靈光且不管用，但只要它是有效的模型，時間會證明該原則在長期是有效的**。別太早拋棄你的交易模型。克拉克強調：「我們不會因為模型出現一、兩次意外失靈，就拋棄本來就很管用的模型。如果這個模型符合自己的整體標準，而且很容易跟其他模型搭配使用，我們還是會用。」

　　在運用順勢交易策略時，很可能好長一段時間都沒有動靜，然後突然間迎來繁盛期！同時當所有市場都開始形成趨勢，你將獲得豐碩成果。就像在沙漠裡連續十一個月都沒下雨，卻突然間下起傾盆大雨，花草樹木開始生長。你將再一次快樂地翱翔。

 耐心

　　其實沒有什麼了不起的祕訣。我們可以用兩個字來形容這種處事之道，也能以這兩個字來形容成功的交易之道：**耐心**。

在二十五年的交易生涯中，克拉克也曾經歷情緒的大起大落。他不止一次認為自己的交易生涯要完蛋了。他告訴自己：「就是這次了。我不可能獲利了。這二十五年已經很幸運了，如今運氣應該快用光了！」

我們該如何處理心情的跌宕起伏？為了避免情緒崩潰而導致自己失誤賠掉所有，唯一能做的就是建立嚴謹的交易規則。

現在的克拉克已經不會擔心自己的交易模型了，他知道自己的系統會成功。他經常晚上睡不好，但不是因為交易，而是十年前累積的交易壓力，使他容易夜不能寐。

向大師學習

克拉克會追溯歷史數據，來測試自己的交易模型。在設計自己的交易模型並在所有市場測試這個模型之前，我們必須先有一套可靠的交易哲學。克拉克參考大約 105 個市場，並且蒐集從 1945 年起的價格數據。為了建立可靠的模型，我們需要它在所有市場都能以相同的規則和參數做交易。我們的目標應該是在 90% 以上受測的市場中獲得出色績效。此外，除非你的交易模型在進行參數移位和規則改變的測試時，也能展現穩定績

效，否則不應輕易接納任何交易模型。這才是穩健性的定義。

資料來源：**www.clarkecap.com**

　　儘管那些了解以及正在執行順勢交易策略的人都具備這個常識，但是克拉克起初並沒有在歐洲或任何外國市場做交易，他只在美國國內市場做交易，因為他只有根據那些市場來設計自己的順勢交易模型。

　　某一天，他決定加入國外市場。他把那些國外市場放進系統中，結果反應很好，沒有需要調整的地方。這是他第一次透過自己的交易模型去拓展眼界。他再一次頓悟了！

　　然而，建立彈性的交易方法是值得探討的議題。

　　有一次我與一位聰明的交易者坐下來聊天。她告訴我：「我剛認識了某個人，你也知道他是個非常成功的順勢交易者。他一直告訴我，他正在調整自己的模型，並且不斷進行改良。」

　　我回答她：「我不信，他只是在說故事給那些不懂順勢交易的人聽。他所講的故事都只是為了讓你感到安心。」

　　我跟克拉克說了這事，他認同地說：「說得沒錯，你完全懂那些人想聽什麼。他們想聽到你調整了模型，還是你設計了那些模型？有些人想聽到你說自己一直在適應市場。但重要的是，模型不需要被持續調整。儘管市場持續發展，但特定的標準永遠不會改變。改變市場才是使我們能持續賺錢的祕訣。有些人天生如此，如果你不給他們故事聽，他們就會不明究理。所以基本上，你只是以為他們想聽，所以才告訴他們答案。就像那些撲克牌玩家，看著你就能知道你想聽到什麼。」

　　曾有人問克拉克：「那麼，你會追蹤市場的變化嗎？」克拉克直言不諱：「模型本來就該如此。我們的模型都能適應市場動態。」

　　如果你有做足順勢交易的功課，那麼無論什麼時候發現世界出現變化，都不用不停地調整自己的順勢交易模型。

愚人的基本面

　　有一次我參加了一場避險基金會議，參加的人還有MBA 學生和資產配置者（他們會提供資金給像克拉克這類型的公司）。有一位避險基金公司代表，同時也是這場

會議的主講人反問我們：「有多少人認為下一期的利率會更高或更低？」

　　雖然那時我也已經拿到 MBA 學位，而且還不太清楚順勢交易是什麼，但我一聽到那位主講人的問題，就已經覺得提不起興致了。我心想：「嗯，或許他有一些基本面方面的技巧，讓他能決定何時買進賣出……」可是看著他的簡報，上面只有各種經濟指標，其他什麼都沒有。我彷彿回到研究所的經濟學課堂上，一邊聽講一邊思考那些比率與數據之間的關係，以及該如何利用它們來獲利。

　　聽了他的演講後，我不明白他想要表達什麼，我無法理解。

　　我只知道他描述了自己的基本面預測。顯然他是個聰明人，或者我曾經以為他很聰明。

　　克拉克也遇過相同情況：「他們知道如何用槓桿（去做『多』），而且他們也知道如何以六比一的槓桿率便宜借券（交易）。這就是他們的做法。」

　　克拉克所指的槓桿買進策略，有陣子確實有用，直到某一天泡沫統統破滅。過去二十年來，每一次產業巨頭垮台的背後因素，都是因為這樣。

不會讓我們賺錢的故事

　　如今，數百萬人都會收看 CNBC 財經頻道，以及各式各樣號稱「擺脫負債」的節目秀。相較於過去曾有一個既專業又非常實際的節目，名稱叫《彭博華爾街周》（Wall $treet Week），現在的財經節目就像馬戲團表演。此外，現在電視上到處都看得到證券經紀人和基本面研究員，他們都信誓旦旦向你保證明天頭條新聞會是什麼。他們正以驚人速度，憑藉基本面來編出一個又一個的故事。會形成這種新常態就是因為有需求存在，因為人們太想了解，而故事有助合理化那些似是而非的見解。這就像在食用給予人們心靈安慰的療癒食物（comfort food），只為安撫對財務議題感到焦慮的靈魂。

　　比方說，很多人會從自己正在使用的物品挑選股票。好比你買衛生紙和海綿會去沃爾瑪商場（Wal-Mart）。你覺得沃爾瑪是很明確的標的，因為你看到商場上擠滿了人，使你認為這家公司肯定很賺錢，於是你買進沃爾瑪的股票，而且根據你的觀察，你認定股價只漲不跌。又或者，你去星巴克買香草拿鐵的時候，你很喜歡星巴克而且看到很多人都在買咖啡喝，那何不買張星巴克的股票呢？很多人都帶著這種心態買股票。

　　很多人無法理解我們正在做的事跟數學有關（正如

順勢交易），他們也無法理解為什麼這行得通。大部分的人都不了解統計和機率，也不想了解。因為這個話題太冷門，懂得統計和機率無法使他們在晚宴上把笑話講得更生動。想像你試著告訴某個人：「我正在從數學的角度來看這件事，我希望最後可以把虧損降至最低，因為我真的不清楚市場接下來會怎麼樣。」沒有人會對那句話感到興奮！

　　他們更想說故事給在健身房一起運動的朋友、在高爾夫球場上一起打球的球友、妻子、女朋友，或者任何一個人：「我就知道星巴克的股價會創新高！」

　　另一方面，克拉克每天早上會打開電腦，只要那一天有做交易，他一定會截下當天的交易畫面。他會坐在電腦前看著那些紀錄畫面。有時候當他虧錢時，他會坐在書桌前好幾個月，直到他的交易系統再次獲勝。這是個永無止境的循環，但卻是善於獲利的循環。

我們的核心動力

　　誰喜歡天天向如直升機般總盯著自己做事的老闆說：「是的，老闆」呢？克拉克也跟大部分的創業家一樣，無法替某個人好好地工作。他從來沒遇到自己欣賞的老闆。

　　事實上，他認為能有今天的成功，以及他所做的職涯決定，都可歸因於他想做一個孤獨的人。如果他長得好看一些，或者更受人歡迎，他很肯定自己一定會選擇另一種生活方式。

　　「哎，如果有下輩子，我希望自己能長得帥、身材一流，最好是一名運動員，可以吸引很多女孩子……」

　　但要是他下輩子沒那麼聰明，他就很難做出選擇了。他的意思不是想要擁有同樣的成長過程，但在小時候遇到一些不好的事，可以成為日後的動力來源。那種類型的動力，可以成功驅使我們創造成功。

　　你能看出其中的關聯性嗎？正是這種想法，令克拉克擁有動力及決心要成為一位成功的順勢操盤手。

　　起初，當克拉克建立自己的順勢交易慣例時，他會讓自己長時間投入，而且他喜歡這麼做，凌晨三點就會起床開始動腦。我自立門戶的時候也是這麼做的，因為我經常想到公司的事，以至於無法再繼續睡。我已經準備好迎接第二天了。

　　如果克拉克比現在更帥氣、更受歡迎，那麼他還會有時間集中注意力思考，並且在腦子裡不斷演算那些順勢交易過程嗎？他還會有時間去尋找可行的交易方法嗎？誰知道，每個人都是不同的，每個人都有不同的動力。

　　但是，我們一定要有動力才能獲勝。如果你缺乏動

力，或者不願意找出自己的動力，那麼只能去酒吧找其他同病相憐的人，一起怨嘆自己離成功只剩一步之遙──而那些人甚至只喝一杯純威士忌就醉倒。

別當羊群中的一隻羊

人們在市場上會像羊群一樣移動，他們會一窩蜂地移動，這種行為至今從未改變過。也許他們的想法會因為所使用的策略而改變，但人類依然是人類。因此，如果你想獲勝，就得做出不一樣的行為，你必須跳脫框架思考。我們需要以批判眼光來看事情，我們要懂得說：「兩者的差異在哪裡？」「我該怎麼做才好？」「該如何解決這個問題？」

具備各種技能是克拉克的致勝關鍵。他最看重自己的能力，就是能將自己的系統編寫成程式。如果請另一個人參考他的想法來寫程式，別人寫出來的程式可能對他並不管用。他必須親自去完成，這也成為他的自信心來源。但是所有順勢交易者都要跟他一樣自己寫程式嗎？不用，只是克拉克是這麼做的。

與其從一般的角度，你必須從不同角度出發，使自己成為一名順勢操盤手，而且所採取的思考模式最終

能被歸屬於企業家思維。最近我都告訴朋友，近幾年我讀過最棒的交易類書籍，跟交易可是一點關係都沒有，這本書是知名商業作家賽斯‧高汀（Seth Godin）寫的：《夠關鍵，公司就不能沒有你》（*Linchpin: Are You Indispensable?*）。

然而早在高汀的書問世之前，麥克‧克拉克就已經這麼想了。

Chapter 11

把握當下
心態制勝，
做人生與財富雙贏的大玩家

查爾斯・霍克那
Charles Faulkner

T R E N D   F O L L O W I N G

也許你曾聽過「活在當下」這四個字。

這四個字的意思是，「昨已逝，明未來，珍惜當下」。這四個字不代表我們不可以借鏡過去的經驗和曾經犯下的錯誤，也不表示我們不必未雨綢繆。我的意思是要根據當下真正發生的事做出決策，那些偉大的順勢操盤手就是根據當下來規畫生活，以及創造財富。

雖然查爾斯‧霍克那算不上是一名交易者，但是他提出了極為有用的見解。這些年以來，我想不出第二個人能像他一樣，令交易者和投資人更了解他們自己。而身為交易者，「了解自己」是我們踏上順勢贏利之途的必經過程。

霍克那從非常廣闊又新奇的角度去看待這個世界，你也應該這麼做。

舉一個最好的例子。我們都必須了解一個重要教訓，那就是一旦我們加入這個市場遊戲，虧損也是遊戲的一部分。無論你經驗有多豐富，虧損在所難免。也就是說，我們必須確保損失部分是自己能應付的──還要知道，虧損將左右你的情緒。

從事運動的人都能明白這點。專業運動選手都知道，若想培養技巧，就必須從失敗中學習。因此，你會希望與比自己更厲害的選手比賽，因為藉由這個方式，能使你變得更強。

我們還可以研究交易者，因為交易是高專業性的工

作，所以交易者會更集中注意力探究每件事。平時需要幾個月或幾年才能釐清的事情，交易者可以更快理出頭緒。比方說，許多人花最多錢的項目通常是買房或買車，但是對於成功的順勢操盤手而言，他們一小時或者幾分鐘之內，就會經手相等的金錢。

這意味著當我們做交易時，不要像買車一樣把錢當錢看，而是要把錢當**分數**看。養成這種心態非常重要。改掉自己用購物的方式來看待金錢，取而代之的是把錢看成比賽分數，這是最重要的第一步。

試著用批判性的角度去觀察世界是如何運作的。假如你是從 35000 英呎高空向下俯瞰並且說：「我正從窗戶看出去，我可以看見底下發生了什麼事。」那麼你將錯過當下。你必須認真地為自己思考當下。

接納意見

儘管我們不喜歡接納意見，但我們會經常這麼做。接納意見即是給予他人領導權。從心情上來說，這麼做就是退讓一步。有什麼事情是別人知道，而你不知道的？

從財務方面而言，接納意見就是將自己的財富交付給對方。從智力方面而言，接納意見即表示你不如對方聰

明，也比對方不負責任，因為你正在將自己的錢交給其他人管。

在某種意義上，接納精通某領域之人的意見是絕對正常的事。我們都是跟著父母、親戚或駕訓班教練學習如何開車的。我們會跟著運動教練的指示與教導學習一項運動，教練開啟我們的潛能，然後我們再去尋找能幫助自己精進技巧的人。

這樣看來，接受財務建議是很有道理的做法。你知道自己一定有不知道的地方，而當我們發現自己有不知道的地方，我們總會問：「那有誰會知道呢？」

在職業棒球或其他職業運動世界中，我們可以很清楚地看到一名運動員的表現是好或不好。此外，由於運動是實際的活動，我們可以看見他們是否擁有天賦，而且有統計數據證明他們的能耐，我們找他們學習運動就是因為他們知道那一種運動的竅門。

財務意見也是同樣道理，但不幸的是，有些人能在前一季獲利，往往是運氣使然，許多人根本沒有任何技巧，單純只是幸運而已。

接納意見是一個難題。如果你不了解一件事，你要如何挑選出知情人士？很多人會說：「他去年賺了錢，所以我應該聽他的話。」再說一次，在非關金錢的世界中，這是合理做法。如果是某個很會做料理或拍電影很厲害的

人，那麼你可以說：「嗯，明年找他是個好點子。」跟世界名廚沃夫甘・帕克（Wolfgang Puck）學做料理，跟知名導演史蒂芬・史匹柏（Steven Spielberg）學拍電影，都是很好的選擇。

接納意見是一項挑戰。換言之，你要如何判斷對方保證能賺錢的承諾？你要如何決定他是不是你想接納意見的人？如果對方是會修車的人，你看著他修理幾輛車之後可能會說：「我可以信任他的技術。」

我們要找的人是擁有某一方面知識的人。但是金錢的奧祕、金融的奧祕，有誰知道呢？誰才是真正了解金錢、金融的人？是能製作精算表的人嗎？他們具備複利的功力嗎？懂得複利就能搞懂金錢嗎？由於人們希望獲得正面結果，加上金錢會影響心情，所以這成了一個特別困難的問題。就拿下棋來比喻，關鍵在於如何下棋──真正了解棋局的人會贏得多，領先的時間也比較長──僥倖得勝的機會微乎其微。你不會想聽從只贏過幾局棋賽的人的意見，而是想向真正了解下棋過程的人學習一二。

因此，當我們想聽取他人的金融建議時，我們**不只要聽取他們的結果，還要聽聽他們是如何辦到的。**他們的獲利過程有可取之處嗎？這個過程能容許犯錯嗎？這個過程能使他們越來越好嗎？

作為一名順勢操盤手，你一定要從心理學的角度去思

考勝利。

金錢是責任

　　金錢是責任，金錢是生活的貨幣。對於那些不想對金錢負責的人而言，就好像在說：「我自己的時間以及運用時間的方式，我一概不負責任。」他們的生活是一種反應模式，意思是與其規畫充實的生活，他們只會對刺激做出反應。這樣的人生跟野生動物沒什麼不同，他們只會對影響基本需求的事件做出反應（即戰鬥或逃跑）。對人們來說，那樣的生活算不上幸福或滿意。

　　我們必須定義自己的優勢，也就是「由你自己作主」的位置，在那裡你會主動並且直接參與你所做出的決定，無論是決定你自己的時間、金錢或其他有意義的事。

　　困難的是，現在整個媒體文化背景所提倡的，是我們應該要立即帶給自己滿足感。於是我們鮮少討論、反省及思考：該如何才能機智或聰明地節省、投資，或者增加自己的資產。

　　事實上，媒體會散播互相矛盾的消息，所以也難怪現在的人越來越難財務獨立。

　　如今社會已不流行財務獨立，儘管過去理性主義和

傳統宗教都提倡財務獨立，藉此教育人們要有更長遠的眼光，並且做出更好的決定，現在這些卻變成理財人員的責任（更糟糕的是，現在的金融媒體二十四小時不停歇地強調我們一定要財務獨立）。

比方說，有的人每天會花 17 個小時看電視，或許你也是這個樣。電視播放的內容將成為你的記憶，取代你陪孩子、在林間散步、坐在螢幕前做交易，或者與另一半計畫未來的回憶。

到了最後，你只會記得媒體上的數位影像，還有實境秀的節目內容。

這聽起來很令人感到哀傷，因為有很多人在看過電影《華爾街》（*Wall Street*）之後，電影情節讓他們以為編劇奧利佛・史東（Oliver Stone）筆下的葛登・蓋柯（Gordon Gekko）是個好榜樣，因而使他們決定進入華爾街。更多的人進入華爾街是因為蓋柯，而非股神巴菲特、商品大王羅傑斯（Jim Rogers）或其他知名投資人的實績。媒體對我們的影響威力，實在太大了。

那只是他的看法

我為什麼要說這些？因為即便你已經可以預見未來，

而現在的你卻已經感到滿足了。以運動為例，業餘與職業運動員的差別在於，後者不會滿足於只有參賽且輸掉比賽。職業運動員的滿足感來自即使他們輸掉比賽，他們會回去練習，然後參加下一場比賽並且發現自己已經勝券在握。

因此，我們的社會出現重大變化，使我們不只追求即刻的滿足感，還會受到媒體刺激而使滿足程度增加。媒體正在發揮壓倒性影響力，人們會重覆收到必須要知道的訊息，或者對最新收到的手機廣告或下一代混合汽車發明做出回應，這一切都在引導大眾產生某種欲望。

正如那個老故事：有一個男人，一邊喝酒一邊抽菸，因為他年輕時曾看過的廣告，廣告裡有威士忌、女孩和香菸；隨著年紀漸長，現在的他想知道：「那些女孩在哪？」我們可以隨處看到這類意圖，每一個都意圖要你對現在感到滿足，因此人們也認為自己應該獲得滿足感。

儘管有些投資人已經制定交易計畫，但當他們每天看到、聽到太多次這類訊息，他們也忍不住不停回應那些永不停止的意圖。不妨看看電視主持人吉姆‧克瑞莫（Jim Cramer）的節目，他的節目充斥各種動作、聲音，以及各式各樣的刺激輸入。他的主持方式吸引了眾多目光。

霍克那看著那瘋狂的節目：「克瑞莫的主持很生動，他的反應很直接、富有感情，節目裡充斥各種聲音和動

作。我們天生就會對那些刺激做出反應，我們會忍不住回
應他。當然，儘管《巴倫周刊》（*Barron's*）指出，如果
你真的跟著克瑞莫的建議去操作，你幾乎賺不了什麼錢，
可是人們似乎並不在意，因為他們覺得這個活潑且有行動
力的人給人一種親切感。他們認為克瑞莫很聰明，而且知
道自己在講些什麼。他講話的方式讓人感到一股權威感。
如此活力充沛的人怎麼可能會錯呢？天啊，他一定是對
的！」

　　請一定要養成做自己的能力。我們必須要能依據自己
的情況來做決定。你必須能夠一邊看著電視上的名嘴，一
邊對自己說：「那只是他的看法。」

　　這是我們必須具備的基本心態。

人性使然

　　儘管沒有深入研究「狩獵採集」的概念，現在任何去
過雜貨店的人都能感受到，那些更聰明的廣告商和行銷策
略，已經把商品排列得整整齊齊，方便我們去那裡狩獵及
採集食物。眾所皆知，《財星》（*Fortune*）雜誌五百大
企業都聘請了人類學家，嘗試創造比實際需求更豐富的滿
足感。這就是我們面對的現況。

　　身為人類，我們並不是真正需要效率。我們不是為了效率而誕生的物種，而是為了滿足自己做出最好的決定、堅持不退讓，並且要求自己即刻付諸行動。即便後來我們可能退縮了，那也沒關係。事實上，我們經常盡可能地執行不好的程序，直到那個不良程序最終失敗收場，我們才會放棄，從而迫使自己去嘗試更有前途的做法。

　　有別於人性，現代科技發展是朝更有效率、自動化且可靠的方向發展。儘管我們會被相貌特異的人或特殊氣味分散注意力——不合邏輯的隨機行為也會分散我們的注意力——電腦和嚴謹的交易策略（比方順勢交易策略）則不會受情緒刺激而有所動搖。因此，這比我們想像的更有挑戰性：我們該如何持續專注於真正重要的事情？

　　不妨想一想。我們不要只是因為想賺錢，而是因為金錢就是我們自己，所以我們必須堅持自己的金錢決定。比方說，很多交易者認為只要沒有認賠賣出，就可以假裝那不是真正的虧損。然而，**無論你如何合理化虧損，虧損仍舊是虧損。**

　　但這個道理還不止於此。

　　假如你的狗每天早上都會不見蹤影，可是到了傍晚就會出現在廚房門口；如果你的孩子告訴你，他等一下要出去一趟，晚餐前就會回來；也許你弄丟了車鑰匙（實際上是掉在餐桌底下，可是你沒發現），可是因為某些原因，

後來鑰匙就被好好地放在餐桌上。

實際上我們天生認為失去的終將會回來，而且如果你回想一下人類歷史，也真的是如此。

因此，盡快停損以及不要急著售出賺錢部位，這概念其實違背人類生物學。這也是為什麼順勢操盤手會被稱為「逆勢交易者」的原因。雖然許多順勢操盤手都與大眾的做法違背，但這不表示他們所持的立場是跟大家對立，而是在大家都感到悲觀時，他們必須保持樂觀。順勢交易會盡快止損，然後說：「嘿！我出場了。這次沒讓我損失太多，我覺得這麼做挺好的。」

許多經驗尚淺的投資人（可能也包括你）或許會說：「我虧了一些錢。我想要報復市場，我永遠忘不掉那筆損失。」

人們一想到虧損，便會感到一股難以言喻的痛苦。而且由於對損失的看法不同，有的人很可能更加痛苦。

自身的經驗、個人的生活方式、導師等因素，導致人們會對虧損抱有不同看法。比方說，有些人認為不動產看起來是不會動的，而且「不動產」本身就說明其涵義：「不動」的財產。霍克那的叔叔曾在他年輕時說過：「買土地，因為土地不會越來越多。」早期這樣的訊息似乎是很明智的投資及交易決定，即便那不一定算得上聰明的致富之道。

　　我不認為現在還有人會單方面相信，不動產是完全零缺點、值得買入並持有的交易標的，因為現在我們已經比以前知道得更多了。

時移俗易

　　早期霍克那從事商品和貨幣交易，並且賺得可觀獲利。

　　有一天他打電話給父母，告訴他們自己的成功心情。當母親一聽到他賺了多少錢時，便急著說：「你快點把那筆錢存進銀行。」

　　在父母眼中，銀行是個更安全的地方。也許你會心想：「銀行？我才不會把錢放進銀行，那裡才不安全！」

　　霍克那也是這樣想的。

　　老實說，人們對世界的看法已經發生過無數次巨大變化。

　　在經濟大蕭條以前，人們鮮少旅遊，大多數的人一輩子都待在同一個地方，然而現在有超過 50％ 的美國人每 5 年就搬到別的地方。經常搬遷是很大幅度的生活方式轉變。

　　此外，我們的祖父母所擁有的都是直接經驗，相較於

大部分現代人所擁有的是虛擬或遠距經驗。也就是說，以股價為例，股價對我們而言是遠距、抽象的東西，我們做交易時不是使用實體股份。

現在誰還拿股份證書？這些改變都影響我們現在對股價的想法、形象以及信念。

許多人覺得這些改變都是正面的，而且不會有任何無法預料的後果，但霍克那的看法則截然不同。

他不認同的是「股市民主化」的想法。在這個市場中，有人正代表那些不懂的人在操作投資，那些人並不曉得自己的退休基金和共同基金被用來投資什麼。至於退休基金，代操基金的經理人都賺得比那些退休人員多了。共同基金是另一個大問題，投資共同基金的人前十年都不會有獲利，然而共同基金的創立人卻能賺進數以百億計的財富。這顯然是一個開倒車的系統。

探究本質

如果你瀏覽一下周遭，會發現一切都離不開金錢。即便你想回歸大自然，也免不了要支付露營地的費用。想要捕獵食物，就得先付錢取得狩獵（或捕魚）的執照。金錢是貫穿我們所有文化的血液，是人類的根本。賺錢是基本

能力，不是奢求。

　　如果我們把投資和交易，依類別區分為：不動產、股票、商品、期貨、指數股票型基金、另類資產（alternative asset）等，我們要如何評價這些東西？要不要研究它們的基本面？複製商品大王羅傑斯或股神巴菲特的做法？拆解公司的資產負債表，仔細消化其中博大精深的細節？找出公司的執行長是誰？本益比又是多少？那已經是老掉牙的做法了。

　　我們可以走向另一個方向。

　　我們可以退一步並問：「這些東西的**共通點**是什麼？」亦即那些市場有哪些共通點？順勢交易者認為最顯眼的差異化因素，是**價格**，也是那些市場唯一的共通點。這是一種與眾不同的思維。

　　當我們進入順勢交易者的世界，在這裡不會有故事（這也是本書所有章節共通點）。順勢交易者不會關心公司執行長的婚姻或家庭生活，來決定要不要買進一檔股票。他們也對外在因素沒興趣，只要給他們價格數據便足矣。

　　不過投資新手和評論家可沒辦法接受。他們會說：「好吧，既然我不知道因果故事，那麼我就不會投入進去。」然而這樣的行為就好比蒙住馬的眼睛，然後策馬奔馳在順勢思維之路上。

　　幾年前，霍克那曾在一場會議上遇見賽可達（他又出現了），他正設法取得更多人對順勢操作的信心。賽可達告訴大家：「市場具有向上的特性。」霍克那心想：「哇，這傢伙不謹慎點說話嗎？沒利用故事做開場，甚至打從心裡不關心故事。」然而，所有人都想知道「為什麼」──「為什麼市場會往上走？」霍克那見識了賽可達心思的細膩及思考深度，他學到一課。

　　成功的順勢交易在於養成堅定信念，使我們深信自己是更大系統的一部分。這個世界不是你的世界，我們就好比身處一條持續流動的河流中，比起該怎麼控制河流，如何在河流中前進才是我們更應關注的問題。我們不可能主導不可掌控的事，但是想要賺大錢，除了停損之外，你不必控制任何事。

向大師學習

霍克那描繪了一幅名為「現在」的畫面：順勢交易者活在當下。

正如神奇的莫比烏斯環，最後一條的原則會銜接回到第一條規則：「沒有人能預測未來。」也沒有人可以獲得未來的提示或訊息，因為未來尚未到來。當「還沒有」發生時，那就不再是未來，而是現在。

也就是說，直到現在成為昨日——原來不可靠的記憶直到現在才被經歷。只有現在，沒有故事、理由、前例，或某種需要過去與未來才能成立的想法，現在是真實的空間，並非我們所創造出來的思想。正如在英語中，我們會用 would be、could be、should be、should been 來表達過去和未來。事實上當我們在表達一些情緒時，我們會提到令人失望的過去（遺憾），或者尚未實現的未來（貪婪）。而當你意識到現在才是最重要的時刻，你便可以輕鬆地放下那些情緒，使自己更能看清楚現在。

「只有現在」也是在關注自己的心理。此刻就是一切，我們的一知半解，就是我們現在所擁有的。接下來（現在）要行動……還是不行動……。這就是一切，不同於前一刻的無法預測，我們的一知半解，就是我們所

有的理解了。

　　在這個世界中，清晰又簡潔的思考和行動都受到極高讚賞。這看起來很像一種禪意或者神祕思想，但其實並不然。

　　米哈里・契克森米哈伊是第一個提出「心流」（flow）概念的西方心理學家——忘我地完全沉浸在一項活動中，就像當我們深深著迷於從事某一件事或某個人，或者就像我們從事自己最熱愛的運動或彈奏樂器。這種情況也會發生在所謂的不必動腦活動，比方說在洗車時，突然間你想到許多新的點子。

　　「心流」概念證明，無論你信或不信，最讓人著迷其中的，永遠只有「現在」。

Chapter 12

高唱洗盤之歌
傳奇交易大師，
傾囊相授投資智慧

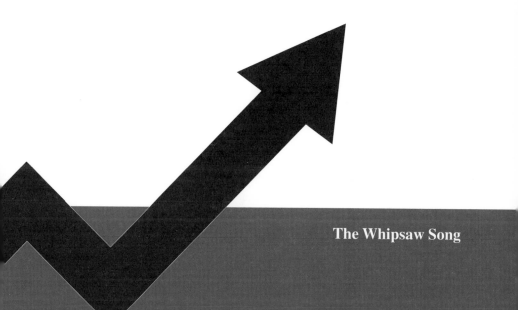

The Whipsaw Song

TREND FOLLOWING

也許你已經注意到，有個名字已多次在本書出現過。本來我沒打算會在五篇章節中提到愛德‧賽可達的，但結果還是發生了。在我研究順勢操作的過程中，那些操盤手總是提起賽可達，而且不只一次。

如果你還不認識賽可達，不妨參考經典著作《金融怪傑》對賽可達事蹟的描述，他被認為是當代最傑出的順勢交易大師之一。他影響了無數的交易者，不只有本書收錄的這些人。

我第一次與賽可達有交集，是在 2001 年，他邀請我到美屬維京群島度假。與賽可達一起度過的那段時光，以及我們後來靠電話及電子郵件保持聯繫的多年往來，都已深刻影響我個人的順勢交易經驗。如果沒有賽可達的慷慨相授和早年的指導，我絕對無法撰寫這本書，來與大家分享這些寶貴知識。

我們的世界說大也不大，所以才能毫無意外地發現賽可達與其他優秀交易者的人生交織在一起，這也是我樂於見到的驚喜。在你決定想獲得賺大錢的機會、在你決定要認真從事順勢交易時，現在有許多可用的資源，以及許多前輩願意分享經驗給你，而賽可達便是其中一位。

雖然我認為這本書的內容可幫助你獲得財務上的成功，但相較於充滿文字的書，比方說這本書，由賽可達親自分享知識的方式也許更好，因為他已經在 YouTube 平

台上用影片來分享自己對順勢交易的想法。他分享了一段有關順勢交易的音樂錄影帶，也是目前世上獨一無二的音樂錄影帶，這支影片只有賽可達做得出來。如果你還沒看過這支影片，賽可達已經同意在此公布這首歌的歌詞，讓各位可以先感受一下。這首歌，就叫〈洗盤之歌〉（*The Whipsaw Song*）。

洗盤（whipsaw）是什麼意思？這是指當市場價格往一個方向前進，但又突然朝反方向移動的情況。這個術語源自伐木工人使用一種雙邊鋸刀，以來回拉動方式鋸木頭。

〈洗盤之歌〉改編自〈龍蝦之歌〉（*The Crawdad Song*），是一首 A 大調的傳統藍草民謠旋律。

合唱：
你拿鞭子，我拿鋸子，親愛的
你拿鞭子，我拿鋸子，寶貝
你拿鞭子，我拿鋸子
抓對趨勢兩邊得利
親愛的，獲利全歸我

（不要急著賣掉獲利部位）
斑鳩琴：

親愛的，趕上趨勢時該怎麼辦……（重複）

搭上趨勢，直到最後

（止住虧損）

曼陀林：

親愛的，發生虧損時要怎麼做……（重複）

我們一定要留意虧損

（管理風險）

小提琴：

親愛的，我們怎麼知道多少風險才合適……（重複）

我們賺了很多錢，夜晚得以入眠

（運用停損點）

吉他：

親愛的，當價格出現突破該怎麼辦……（重複）

只要運用停損點，其他什麼都不必做

（堅持自己的系統）

貝斯：

親愛的，當回撤時該怎麼辦

寶貝，當回撤開始變多該怎麼辦

當回撤幅度變得更大該怎麼辦……

我們堅持自己的計畫，並且照計畫採取行動

（把新聞分類歸檔）

斑鳩琴：

親愛的，看到新聞快訊該怎麼辦……（重複）

直接丟到垃圾桶裡

不妨前往賽可達的網站 www.seykota.com，或者掃描以下 QR code 欣賞這首歌的影片。

往上，還是往下

現在呢？你要做的決定是，一是選擇成為一位順勢操盤手，成為下一個海特或布魯斯；二是投資一位順勢操盤手。就這樣，這兩個選擇都很清楚。做或不做，非黑即白的選擇。

　　當然，你也可以買進並持有一些最好的共同基金，希望這個策略能在你退休時，或者在買進並希望市場泡泡破滅以前，讓你累積到足夠退休金。

　　但我說還是算了吧，順勢交易的好處多多，已經擺在你眼前。那些贏家的策略已經帶給我們信心，現在換你決定未來要成為什麼樣的人。

　　我很喜歡鑽研，以及享受撰寫這本書的過程。比起之前的作品，這本書帶給我截然不同的體會和挑戰。一般讀者也許比較少有機會看到我的其他書籍，我希望這本書，能幫助大家豐富投資知識。祝各位投資順利，歡迎隨時拜訪 www.covel.com 網站，與我聯絡。

【附錄 A】
資本主義分配

本文取自艾瑞克・克里坦登與柯爾・威考克斯的研究論文〈資本主義分配：個人普通股收益的觀察〉（The Capitalism Distribution: Observations of Individual Common Stock Returns），已獲作者同意使用。

股市的大贏家非常稀少，絕大部分投資人的獲利均低於平均水準，而且慘賠的輸家不計其數。這個「資本主義分配」（capitalism distribution）情況，在各大洲任何市場都觀察得到，甚至各個年代都有這個情況。資本主義殘酷又醜陋，而且獨厚贏家。

我們已經在本書第十章認識克里坦登及威考克斯，他們的數據庫來自那些自 1983 年起在紐約證券交易所（NYSE）、美國證券交易所（AMEX）以及那斯達克證券交易所（NASDAQ）公開交易且表現不俗的股票，包

含目前已下市的股票。股票和指數報酬都是以年度報酬基礎來計算（股利再投資）。使用動態時點流動性過濾器，將整個數據範圍限制在大約 8000 檔股票（參考指數重組、下市、併購等因素），並且在其公開交易期間曾被涵蓋於美國羅素 3000 指數之內。羅素 3000 指數衡量在美國註冊成立的三千家市值最高的上市公司，這些公司總值約占美國可投資的股票市場的 98%（請參考圖 A－1）。

A－1　1983 年至 2006 年間羅素 3000 指數股票的交易期間總報酬率

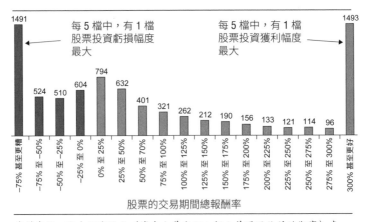

資料來源：取自研究論文〈資本主義分配：個人普通股收益的觀察〉表一，該篇論文作者為艾瑞克‧克里坦登與柯爾‧威考克斯。已獲作者同意使用。

　　如果有一位投資人持有其中 95％的股票，卻遺漏每年表現最好的 5％的股票，那麼他從 1991 年至 2008 年間就會承受虧損。又或者，如果有一位投資人持有其中 90％的股票，並且避開那 10％表現最差的股票，那麼他的獲利便是市場的年均複合報酬率的一倍之多（請參考圖 A － 2）。顯而易見的是，一小部分走勢非常強勢，以及非常弱勢的股票會對我們的投資績效產生不成比例的影響。

A － 2　1991 年至 2008 年間的年均複合報酬率

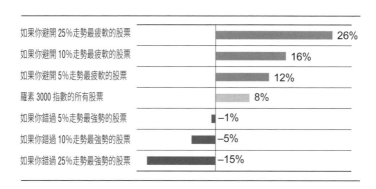

理財是成功投資的關鍵。光是正數的平均報酬率（數學期望值）是不夠的。就好比之前提到的拋硬幣遊戲，拋出正面的賠率是 200％，反面的賠率是 100％（跟投資

單一檔股票的意思相差無幾）。也就是說，盈虧比是 2：1，獲勝機率是 50％，以致每次擲幣的平均報酬率為＋50％。然而，為了獲得＋50％的平均報酬率，你每一次擲幣都要下注。這麼一來，如果第一次拋擲的結果是反面，你就一定會破產。怎麼可能會獲得正數的平均報酬率，同時破產呢？

假設你一開始有 100 元，如果獲勝則獲得 200％報酬率，那麼你將擁有 300 元；如果你輸了要賠 100％，那麼你的錢就會歸零。但是你的平均報酬率為＋50％，請見以下算式。

$$（200％－100％）／2＝＋50％$$

每一次擲幣，應該下注多少錢呢？以這個拋硬幣遊戲為例，每一次暴露 25％的風險，隨著時間將能獲得最高的複合報酬率。當風險超過 25％則會使報酬率下降、波動率上升，以及股本縮水幅度更大。當風險超過 50％時（過度下注）會導致損失，即便賭贏時可獲得正數的平均報酬率。有些人把這個現象稱之為波動率小魔怪（volatility gremlins）或變異流失（variance drain）。請參考下頁圖 A－3。

圖 A－3　注意虧損─盈虧比為 10：1

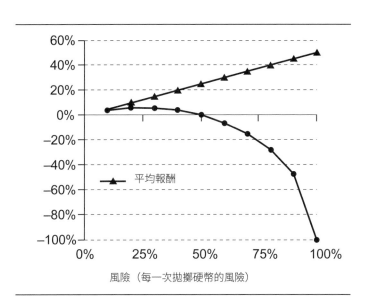

風險（每一次拋擲硬幣的風險）

　　複利對虧損的影響，會比獲利時更加劇烈。即便拋擲硬幣獲勝得到的金額是輸的十倍之多，然而每次擲出硬幣的獲勝機率是超過一半，因此承擔超過 50％的風險對我們毫無益處。正如下頁圖 A－4，已經形成過度下注情況了。

　　對複利觀念有興趣的話，歡迎查詢雷夫・文斯（Ralph Vince）、愛德華・索普（Edward Thorp）、大衛・德魯茲以及愛德・賽可達的著作。

圖 A－4 以 10：1 盈虧比的複利報酬計算

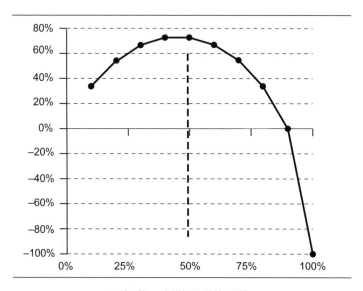

風險 (每一次拋擲硬幣的風險)

【附錄 B】
基金績效數據

　　本書所提到的交易名人和基金都很了不起，他們厲害之處正是在於持續跟蹤趨勢，但或許你還需要更多證據。不妨檢視一下這些績效數據。這些數據都一再顯示，長期跟蹤趨勢會更有獲利空間。

　　如果你覺得本書不可信，那麼也可以試著向我解釋這些績效數字。

　　請注意：所有表格所顯示的數字皆為扣除所有費用後，列出各月分的年度投資報酬率（%）。

查德威克投資集團 (Chadwick Investment Group)

年度	1月	2月	3月	4月	5月	6月	7月	8月	9月	10月	11月	12月	累計
2010	-6.83	-2.37	6.32	-6.06	15.38	-7.50	6.67	8.00	12.30	14.02	-9.52	7.00	38.47
2009	-1.77	-4.94	-6.98	-1.49	11.15	-2.98	-4.89	8.25	0.68	-6.47	10.68	-16.34	-17.17
2008	2.79	15.58	-0.34	1.06	7.41	12.65	-11.15	0.11	9.39	21.05	4.93	2.05	82.60
2007						7.00	0.73	-1.61	7.58	3.08	-0.34	0.46	17.74

資料來源：www.iasg.com/groups/group/chadwick-investment-group/program/diversified-trend-following

德魯里資本公司（Drury Capital）

年度	1月	2月	3月	4月	5月	6月	7月	8月	9月	10月	11月	12月	累計
2010	-6.25	-1.35	6.12	0.38	-7.87	0.18	-4.88	2.66	4.19	4.12	-4.19	9.06	0.65
2009	-1.82	2.10	-3.64	-2.72	1.82	-0.23	6.57	2.67	1.54	-3.53	6.48	0.09	9.04
2008	6.78	11.17	-8.45	-5.44	7.44	6.63	-9.45	1.92	16.95	23.37	6.56	5.15	75.65
2007	3.33	-3.51	0.08	3.21	3.39	7.79	-5.60	-5.31	2.93	-0.67	3.56	-3.29	5.05
2006	-0.51	-0.69	0.37	2.38	-2.15	-1.28	-6.44	-1.22	0.91	-4.47	-6.34	3.38	-15.40
2005	-2.34	-4.57	0.27	-5.56	-4.02	-2.42	-0.65	1.83	1.15	0.95	7.85	-2.78	-10.47
2004	2.45	11.09	2.33	-6.97	-6.06	-1.21	-0.45	-5.85	7.78	-1.13	7.20	-0.36	7.27
2003	7.76	6.94	-6.32	-4.10	9.42	-6.35	-4.41	-0.87	4.17	13.80	-1.03	6.64	25.77
2002	0.52	-1.32	-2.05	-3.68	-5.13	11.62	4.82	3.75	4.35	-9.42	-5.97	10.19	5.55
2001	-6.20	4.95	15.48	-4.19	2.41	4.97	-3.66	2.03	6.23	3.82	-9.34	4.82	20.62
2000	-5.58	0.35	-1.59	11.91	1.14	-4.41	1.49	4.92	-1.70	3.26	6.33	-0.12	15.80
1999	0.06	6.05	-2.82	4.46	-5.56	-0.36	-4.43	8.54	-3.59	-1.24	5.20	4.88	10.46
1998	7.84	6.11	6.60	-5.46	7.78	2.20	-1.38	19.34	-5.22	-2.74	4.25	2.46	47.21
1997					-4.57	14.98	12.49	-2.12	-2.08	-9.35	17.34	3.64	30.42

資料來源：www.iasg.com/groups/group/drury-capital/program/diversified-trend-following-program

245

穆瓦尼資本管理公司（Mulvaney Capital Management）

年度	1月	2月	3月	4月	5月	6月	7月	8月	9月	10月	11月	12月	累計
2010	-3.84	-7.15	-5.15	2.02	-8.77	0.53	-12.03	14.59	16.46	22.29	-5.36	25.30	34.90
2009	1.60	-0.03	-3.36	-5.51	-1.30	-6.81	-0.53	10.85	1.32	-7.86	10.70	-3.19	-5.89
2008	21.65	28.86	-7.96	-8.58	5.35	8.51	-18.78	-6.73	11.58	45.49	6.97	5.30	108.87
2007	0.56	-5.18	-8.82	2.59	4.70	4.85	-16.89	-19.40	3.92	13.72	-8.59	8.47	-23.14
2006	11.09	-2.70	13.05	11.46	-4.27	-6.10	-5.20	1.95	1.00	-0.13	0.56	1.60	21.94
2005	-4.28	0.54	2.30	-9.28	-4.08	5.32	6.62	2.78	13.57	-5.64	15.27	8.35	32.34
2004	4.19	8.45	2.37	-11.50	-6.99	-0.73	-0.41	-6.21	7.76	0.76	9.63	-4.94	-0.10
2003	13.20	7.22	-12.83	1.45	7.64	-7.61	-6.33	0.07	6.66	15.32	-0.27	5.35	29.30
2002	0.00	0.00	-7.52	1.55	6.75	7.38	5.95	5.44	5.13	-7.73	-5.08	7.80	19.37
2001	-9.62	18.76	13.46	-15.25	-0.66	5.39	-1.26	0.00	0.00	0.00	0.00	0.00	6.69
2000	-5.02	2.52	-8.40	-0.27	6.97	1.55	-1.25	12.68	-4.36	1.96	9.05	8.90	24.51
1999					-0.29	-0.14	-2.22	2.13	-4.81	-4.80	7.01	4.84	1.09

資料來源：www.iasg.com/groups/group/mulvaney-capital-management/program/global-diversified-program

昇陽資本合夥管理公司

年度	1月	2月	3月	4月	5月	6月	7月	8月	9月	10月	11月	12月	累計
2010	-4.4	-0.4	2.3	-0.4	-12.3	-0.6	-3.4	1.7	3.7	5.6	-1.6	-1.9	-5.8
2009	-1.9	-0.4	-2.0	-1.6	3.1	-0.2	2.2	2.9	0.7	-0.6	5.0	1.3	5.2
2008	6.6	9.5	-1.3	-2.8	2.5	2.6	-4.1	-2.1	2.4	12.9	4.2	2.3	34.8
2007	3.4	-2.7	-5.0	6.0	3.4	1.8	-5.2	-12.6	6.9	8.5	2.2	2.4	7.2
2006	-0.7	0.1	3.1	2.9	0.8	-1.0	-3.4	-1.0	0.4	3.3	1.4	1.3	8.4
2005	-6.9	0.2	-0.8	-1.6	0.0	1.2	-2.1	-0.2	-0.3	0.5	7.0	1.3	-2.1
2004	1.3	7.5	1.7	-3.9	-1.9	-1.8	-2.1	-4.8	0.7	3.9	5.0	9.4	6.3
2003	9.5	4.8	-6.4	0.4	6.5	-4.0	-2.3	0.3	-3.1	6.0	5.0	8.8	20.8
2002	-0.4	-3.8	-0.1	0.4	5.3	11.7	2.0	0.8	5.9	-4.3	-5.7	3.0	21.1
2001	-0.3	3.7	7.6	-5.4	3.3	-0.6	-2.5	2.8	8.0	6.4	-10.6	7.8	14.6
2000	4.4	-3.2	-1.0	-4.4	-1.0	-0.1	0.7	3.9	-1.6	1.7	5.8	-2.1	12.9
1999	-0.4	5.7	-1.1	4.2	-0.8	2.8	-1.7	0.2	0.5	-4.0	5.1	2.9	8.1
1998	1.5	3.5	2.8	1.7	2.6	3.3	-0.5	8.8	3.5	-1.3	-5.0	2.6	26.1
1997	5.2	8.9	1.6	-0.3	4.5	-3.0	6.4	-3.1	-1.3	-1.1	1.9	3.0	23.7
1996	0.5	-5.8	4.5	9.3	0.1	-0.6	-0.7	-0.5	1.1	6.8	1.2	3.0	19.8

資料來源：**www.sunrisecapital.com**

泰帝科投資管理公司 (Tactical Investment Management Corporation)

年度	1月	2月	3月	4月	5月	6月	7月	8月	9月	10月	11月	12月	累計
2010	-1.63	-3.23	4.88	2.26	-2.40	3.24	-0.54	-3.65	19.98	18.27	9.23	10.55	68.90
2009	0.30	-1.12	-8.39	-2.65	15.67	-3.40	5.33	10.29	-1.99	-1.49	10.46	-1.98	20.00
2008	8.09	21.39	-7.18	0.14	2.05	6.78	-12.30	-1.64	-1.15	26.62	1.38	1.98	48.35
2007	-6.33	-1.68	-7.15	8.58	-0.61	6.76	-1.66	-10.49	26.03	3.69	-7.52	1.91	6.84
2006	16.31	-6.10	6.94	15.83	1.00	-2.61	-10.06	4.52	-4.15	-0.28	8.02	-3.79	24.26
2005	-4.20	1.12	-3.78	-3.03	4.16	-0.47	-3.80	6.90	0.71	-4.01	9.14	5.22	6.98
2004	4.51	14.38	1.44	-18.94	-7.83	-7.31	6.49	-3.17	5.98	4.00	12.75	0.39	8.04
2003	10.47	9.08	-7.41	4.31	6.11	-6.42	-7.00	0.34	1.71	12.69	-2.04	6.75	29.26
2002	-5.52	0.90	-0.43	-3.55	9.82	9.78	3.65	4.48	3.59	-3.01	2.27	9.58	34.58
2001	-1.79	2.46	13.89	-7.74	3.04	3.61	-3.37	1.99	5.29	8.13	-9.62	1.55	16.26
2000	3.82	-0.18	-4.05	1.34	8.37	-3.59	-1.20	3.46	-1.01	4.57	9.67	8.64	32.74
1999	-12.38	1.98	-8.81	4.56	-9.82	-1.91	0.93	2.77	5.24	-14.95	2.85	3.21	-25.74
1998	-1.63	-4.06	-2.24	-4.47	3.80	5.11	-0.97	18.34	-1.82	-1.94	-6.00	11.03	13.23
1997	10.50	9.17	-1.09	-5.72	8.00	-11.57	14.29	4.03	4.68	-2.06	0.08	5.10	37.75
1996	-8.81	-4.21	4.85	32.24	-7.49	2.68	-8.39	4.68	9.63	10.13	9.17	-6.43	36.07

年													
1995	-7.78	2.33	16.84	6.61	12.27	2.46	-8.18	-5.91	-3.06	2.17	6.47	34.82	66.06
1994	-14.33	-14.53	-0.68	0.16	10.39	0.82	-5.71	-8.34	4.15	3.82	16.43	2.94	-9.20
1993	0.87	15.21	-7.68	-0.10	6.00	6.20	17.40	5.75	-6.69	-4.53	5.75	4.93	48.08
1992	-6.55	-10.29	-1.80	12.15	-2.29	17.82	17.05	7.17	-0.22	-5.10	2.98	-6.34	21.78
1991	-19.09	-4.71	4.69	-6.51	-5.08	8.29	-5.96	-10.11	4.25	2.62	-1.95	27.58	-12.26
1990	6.01	7.62	7.67	9.56	-9.23	5.49	16.26	10.78	18.20	3.52	1.29	-4.49	96.46
1989	1.30	-9.37	3.74	-10.69	20.27	-11.22	3.85	-11.94	-1.46	-26.02	3.81	11.39	-29.98
1988	-4.58	4.97	-11.75	-21.37	22.55	71.56	-10.03	3.71	1.50	-3.14	5.68	5.06	48.83
1987	-0.65	-5.08	-0.72	63.28	9.50	-6.93	10.98	-10.46	0.75	-13.38	13.89	12.05	72.39
1986	1.93	33.74	0.23	-11.98	-4.52	-15.24	4.03	2.49	-19.08	-19.45	-6.30	8.19	-31.43
1985	-1.39	-2.95	1.10	-1.44	-1.81	-7.37	28.33	2.76	-11.68	14.37	-0.81	-6.61	7.03
1984	-3.47	-8.69	-0.79	-4.05	12.41	-1.71	16.59	-4.68	2.62	-4.94	-3.87	3.81	0.30
1983	5.13	2.06	-6.92	-0.84	18.65	-18.61	6.02	30.98	-7.11	5.73	-11.36	3.23	19.34
1982	7.51	4.74	7.36	-0.34	1.47	5.74	-3.73	17.39	14.70	-8.39	-4.44	-11.16	30.32
1981							-2.63	8.22	-2.06	-4.20	15.00	2.42	16.46

資料來源：www.tacticalnet.com

元盛資產管理公司

年度	1月	2月	3月	4月	5月	6月	7月	8月	9月	10月	11月	12月	累計
2010	-2.64	2.33	4.91	1.75	-1.01	1.47	-2.78	4.78	0.94	2.51	-2.01	3.75	14.47
2009	0.99	-0.21	-1.64	-3.01	-2.03	-1.26	-1.52	0.32	2.85	-1.59	5.12	-2.45	-4.64
2008	3.85	7.95	-0.66	-0.99	1.99	5.06	-4.63	-3.00	-0.41	3.73	4.97	2.10	21.01
2007	3.86	-5.93	-3.95	6.46	5.05	1.91	-1.18	-0.88	6.99	2.52	2.42	0.24	17.97
2006	4.20	-2.58	4.01	5.66	-2.94	-1.17	-0.47	4.54	-1.10	1.48	3.24	2.14	17.84
2005	-5.38	6.58	4.64	-4.21	6.62	3.13	-1.85	7.63	-6.17	-2.95	7.32	-4.37	9.73
2004	2.72	11.56	-0.80	-8.62	0.28	-2.96	1.33	3.09	5.14	4.03	6.37	-0.19	22.62
2003	5.95	11.95	-10.80	2.45	10.19	-5.20	-0.68	0.62	0.26	4.72	-2.48	10.27	27.76
2002	-10.13	-6.04	12.62	-3.76	-3.96	7.95	4.71	6.04	7.63	-7.96	-0.69	14.16	18.33
2001	4.38	0.56	7.09	-5.31	-2.61	-2.66	0.66	0.56	4.64	13.75	-7.10	-5.15	7.12
2000	-3.96	1.72	-3.28	2.06	-0.26	-1.27	-4.58	3.23	-7.76	2.09	7.33	16.81	10.43
1999	-1.38	3.61	-3.98	10.51	-8.39	5.29	-2.01	-3.47	-0.17	-6.20	13.93	9.04	15.08
1998	1.50	3.27	7.38	-1.63	8.53	2.97	1.51	10.99	4.51	-5.70	1.15	9.50	52.17
1997										-12.97	9.96	8.14	3.49

資料來源：**www.iasg.com/groups/group/winton-capital-management/program/diversified**

250

【附錄 C】
專有名詞釋義

　　布林通道（Bollinger bands）：這種技術分析工具，是基於市場價格所形成的三條軌道。中線用來評估中期趨勢，通常是價格的簡單移動平均線，因此會成為上線和下線的底部。上下線與中線之間的區間由價格波動來決定，因此通常會使用與計算平均數為同一批價格數據的標準差。布林通道是由交易大師約翰・布林格（John Bollinger）所提出的概念。

　　通道突破（channel Breakout）：另一種用來形容布林通道的專有名詞，意思跟布林通道很相近。

　　商品期貨交易委員會（Commodity Futures Trading Commission，CFTC）：1974年成立的美國聯邦監管機構，負責監督期貨市場。

期貨投資顧問（commodity trading advisor，CTA）： 受薪的個人或組織，負責給予直接或間接建議給買賣期貨契約的人。商品交易顧問必須在商品期貨交易委員會（CFTC）以及美國全國期貨協會（NFA）註冊登記。

複利（compound interest）： 一種計算利息的方法，亦就是將前一期的利息加入本金繼續存入生息。

披露文件（disclosure document）： 商品交易顧問在招攬客戶時必須出示的文件，通常包含披露聲明書、績效紀錄、業務背景及交易方法資料，以及顧問服務協議書。

回撤（drawdown）： 帳戶虧損期間，計算從高峰至低谷期間所累計的時間與金額。同時參閱「高峰至低谷」（peak-to-trough）。

效率市場假說（efficient market hypothesis，EMH）： 效率市場假說是指因投資人或交易者都知道所有可知的市場資訊，因此相信他們會做出理性決策。這與順勢交易者的看法恰好相反。

指數股票型基金（exchange traded fund，ETF）： 可以在股票交易所買賣的基金，跟股票交易沒什麼兩樣（亦即這些基金也有股票代號）。指數股票型基金可由股票、債券、期貨、貨幣等商品組成，也可採取許多不同類型的策略。有許多指數股票型基金試圖仿效期貨契約交易。

避險者（hedger）：避險者通常會在一個市場建立持有部位，是為了消彌相反部位的風險暴露。

肥尾（fat tail）：當投資組合的報酬率形成常態分布時，鐘形曲線的遠端即稱為尾部。肥尾是指統計上常態分布的離差。順勢操盤手通常會藉由抓住極端或不可預見事件：肥尾（又稱「百年一遇的洪水」）來贏利。

基本面分析（fundamental analysis）：可用來預判市場走向的一種分析方法，需要研究所有會影響供需的因素，包含分析美國聯邦儲備銀行、穀物報告、石油輸出國家組織、本益比等。

期貨（期貨契約）（futures, futures contract）：以預定價格買賣特定金融工具而簽訂的契約。期貨契約須載明標的市場的品質和數量。期貨契約已經有標準化，並且可在期貨交易所（如：芝加哥期貨交易所［CME］）進行交易。

管理帳戶（managed account）：帳戶所有人簽訂書面授權書，委託一名商品交易顧問不需事先取得帳戶所有人之同意也可進行買賣。也稱為全權委託帳戶（discretionary account）。

機械化交易（mechanical trading）：一種交易方法，透過計算技術自動產生買賣訊號。順勢交易，通常是機械化交易系統。

基金經理（money manager）：將資產配置給商品交易顧問，並代表投資人管理被配置的資產的個人或組織。通常要在商品期貨交易委員會註冊成為一名期貨投資顧問或期貨基金經理人（commodity pool operator，CPO），或者在美國證券交易委員會（Securities and Exchange Commission，SEC）註冊成為一名投資顧問。

移動平均線（moving average）：一種分析工具，可用來均化指定期間內的市場價格。

高峰至低谷（peak-to-trough）：測量帳戶權益從高到低的回撤。一般會使用月底來建立測量值。

報酬率（rate of return）：與所投入的金錢相比，該項投資所產生的報酬或虧損比率。

投機者（speculator）：投機者接受期貨市場的風險，藉此從避險者欲保護的部位所產生的價格變動來套利。順勢操盤手是投機者。

標準差（standard deviation）：用來計算市場波動性的統計量。由於標準差不利於上行波動，因此難以精確量化順勢交易。

技術面分析（technical analysis）：一種市場分析方法，可用來檢查價格變化、變化率、交易量和未平倉量（open interest）變化的模式。這個方法不會使用到基本面市場因素。順勢交易是一種技術面分析。

績效紀錄（track record）：交易人（如 CTA）的完整績效履歷。

交易系統（trading system）：一種交易策略使系統產生買進或賣出訊號。成功的交易系統，大部分都是順勢操作系統。

趨勢（trend）：指整體價格呈現向上或向下的方向移動。

洗盤（whipsaw）：用來形容當市場價格往一個方向前進，但又突然朝反方向移動的情況。

投資贏家系列 050

順勢致富
14位頂尖交易奇才跑贏大盤、賺取超額報酬的投資法則
The Little Book of Trading：Trend Following Strategy for Big Winnings

作　　者	麥可·卡威爾（Michael Covel）
譯　　者	曾婉琳
資深主編	許訓彰
副總編輯	鍾宜君
校　　對	李韻、許訓彰
行銷經理	胡弘一
行銷主任	彭澤葳
封面設計	萬勝安
內文排版	簡單瑛設

出 版 者	今周刊出版社股份有限公司
發 行 人	梁永煌
社　　長	謝春滿
副總經理	吳幸芳
副 總 監	陳姵蒨

地　　址	台北市南京東路一段96號8樓
電　　話	886-2-2581-6196
傳　　真	886-2-2531-6438
讀者專線	886-2-2581-6196轉1
劃撥帳號	19865054
戶　　名	今周刊出版社股份有限公司
網　　址	http://www.businesstoday.com.tw

總 經 銷	大和書報股份有限公司
製版印刷	緯峰印刷股份有限公司

初版一刷	2021年8月
定　　價	350 元

國家圖書館出版品預行編目 (CIP) 資料

順勢致富：14 位頂尖交易奇才跑贏大盤、賺
取超額報酬的投資法則/麥可.卡威爾(Michael
W. Covel) 作；曾婉琳譯 . -- 初版 . -- 臺北市：
今周刊出版社股份有限公司, 2021.08
　面；　公分 . -- (投資贏家系列；50)
　譯　自：The Little Book of trading：trend
following strategy for big winnings
　ISBN 978-957-9054-94-2 (平裝)

1. 投資　2. 投資分析

563　　　　　　　　　　　　　110007966

Investment

Investment

Investment

Investment